短视频

运营管理与实战指南

罗红兰 ◎ 主编

策划 · 制作 · 推广 · 变现

U0319648

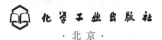
化学工业出版社
· 北京 ·

内容简介

《短视频运营管理与实战指南：策划·制作·推广·变现》一书，由浅入深，针对有一定基础的人员，帮助其了解并掌握从懂得短视频创作到擅长短视频运营的全过程。全书语言精练，内容翔实，实用性强。读者可以通过手机扫描封面前后勒口二维码观看教学视频。

本书主要适合短视频制作、运营人员与创业者，以及大中专院校学生等学习参考，既可以作为学员的培训手册，又可以作为学生的辅导教材。

图书在版编目（CIP）数据

短视频运营管理与实战指南：策划·制作·推广·变现/罗红兰主编. —北京：化学工业出版社，2024.3
ISBN 978-7-122-45023-4

Ⅰ.①短⋯ Ⅱ.①罗⋯ Ⅲ.①网络营销-指南 Ⅳ.①F713.365.2-62

中国国家版本馆CIP数据核字（2024）第032773号

责任编辑：陈　蕾
责任校对：宋　夏
装帧设计：溢思视觉设计／程超

出版发行：化学工业出版社（北京市东城区青年湖南街13号　邮政编码100011）
印　　装：大厂聚鑫印刷有限责任公司
710mm×1000mm　1/16　印张13$\frac{1}{2}$　字数217千字　2024年6月北京第1版第1次印刷

购书咨询：010-64518888　　　　　　　售后服务：010-64518899
网　　址：http://www.cip.com.cn
凡购买本书，如有缺损质量问题，本社销售中心负责调换。

定　　价：68.00元

PREFACE 前言

随着新媒体技术的快速发展、5G时代的到来，短视频迅速崛起，成为网络传播的主流。短视频之所以这么火，是因为它时长短，人们可以利用碎片化时间，如午休、饭后、公交车上，获得即时资讯。观看短视频成为众多网民茶余饭后的消遣娱乐方式之一，更催生了各企业新的短视频营销模式。这种新的营销模式成本低廉、目标精准、用户互动性强、消费者容易被"种草"，加上传播速度快且范围广，使得短视频的覆盖发展呈现出直线上升趋势。

短视频的营销能力是毋庸置疑的，随着短视频越来越火，很多企业在短视频营销的路上也走得越来越成功。短视频营销属于内容营销的一种，最重要的就是找到目标受众人群，并向他们传播有价值的内容，吸引用户了解企业品牌、产品和服务，最终形成交易。

企业之所以看中短视频营销，一是因为其传播速度非常快，且目标消费者人群广，定位又精准，能引进"大流量"；二是制作成本低，消费者关注时间长；三是短视频创作完全可以实现自我定位，并围绕企业核心产出内容，快速响应热点事件并顺畅融合自身产品或服务，树立自身品牌形象；四是短视频的用户多集中在二三线城市，有利于开拓下沉市场资源，培养消费者的消费习惯，投入少，效果佳。所以说，短视频在营销上，无论是从成本、受众、互动还是效果等多个方面都具有独特优势，既能很好地被接受，也能很好地为企业所用。正是看到短视频这些优势和发展势头强劲的巨大市场，各行各业都纷纷加入短视频运营的阵营中，进而也激发了行业对优秀人才的巨大需求。

基于此，"罗红兰电子商务名师工作室"领衔人罗红兰老师带领工作室团队成员编写了入门级《短视频基础知识与前期制作：筹备·拍摄·剪辑·案例》和中级版《短视频运营管理与实战指南：策划·制作·推广·变现》两本应用型实战工具书。其中，《短视频运营管理与实战指南：策划·制作·推广·变现》主要包括"视频运营，互联网风口等着你""组建团队，手把手教你带出优秀运营团队""精准定位，打造你的专属短视频账号""掌握技巧，'菜鸟'变大师的短视频创作之路""做好运营，打造百万流量聚集地""变现秘诀，挖掘短视频商业价值"六部分内容。

本书主要有以下特色。

（1）本书从企业岗位需求出发，由浅入深地进行专业人才的培育。入门级针对新手，从短视频基础认知出发，教会"小白"进行高质量短视频的创作；中级版针对有一定基础的学员，教会大家从懂得短视频创作到擅长短视频的运营。

（2）读者可以扫描封面勒口二维码观看教学视频。想了解更多课程内容，学习或下载教学视频、教案等相关资源，可登陆学习通网站，具体网址：https://mooc1.chaoxing.com/course-ans/courseportal/236506007.html。

（3）本书正文中适时地加入了"课程思语"专栏，使读者在掌握知识技能的同时，引导他们将实现个人价值与国家发展、民族复兴等紧密相连。

罗红兰老师作为主编，负责本书大纲、第四章的撰写，并确定了本书的编写体例和编写规范，负责对参编老师所编写内容进行统稿安排。王亚辉老师负责第一章内容的撰写，宋雅老师负责第二章内容的撰写，宋胜梅老师负责第三章内容的撰写，杨晨老师负责第五章内容的撰写，申晨彦老师负责第六章内容的撰写。以上编写团队的教师，都是山西省晋中职业技术学院电子商务"双高"专业群骨干核心成员，曾获得山西省省级教学成果一等奖，建设有省级精品课程，完成若干省级及以上专业建设项目等。在编写本书过程中，笔者尽力做到理实一体，全面、准确呈现内容，但也不可避免地存在不足之处，恳请读者批评指正，以期不断提升本书质量。

本书在编写过程中得到晋中职业技术学院以及多方面人士的大力支持和帮助，在此深表谢意。

编者

CONTENTS 目录

第一章　视频运营，互联网风口等着你

第二章　组建团队，手把手教你带出优秀运营团队

第三章　精准定位，打造你的专属短视频账号

第四章　掌握技巧，"菜鸟"变大师的短视频创作之路

第五章　做好运营，打造百万流量聚集地

第六章　变现秘诀，挖掘短视频商业价值

第一章

视频运营，互联网风口等着你

▶ **知识目标**

1. 明了短视频的概念、特点、价值和类型。

2. 知道短视频运营的内涵。

3. 了解短视频运营的价值。

▶ **技能目标**

1. 熟知短视频运营目标，合理规划账号。

2. 明确账号运营内容。

▶ **课程目标**

认真感受和体会生活，发现生活之美，传播生活之美；让读者树立正确的网络意识形态，在利用短视频这种新媒体工具进行信息传播时，能站在人文高度、国家高度，对新媒体传播事业心存敬畏。

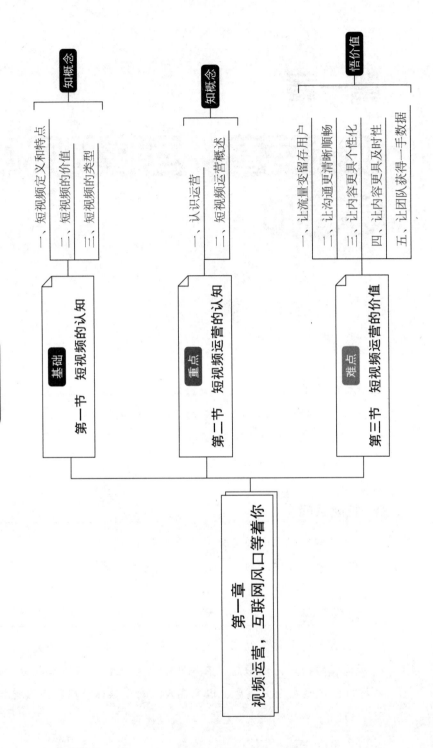

学习引导

第一章
视频运营，互联网风口等着你

第一节 短视频的认知
基础

一、短视频定义和特点
二、短视频的价值
三、短视频的类型

知概念

第二节 短视频运营的认知
重点

一、认识运营
二、短视频运营概述

知概念

第三节 短视频运营的价值
难点

一、让流量变留存用户
二、让沟通更清晰顺畅
三、让内容更具个性化
四、让内容更具及时性
五、让团队获得一手数据

悟价值

案例导入

华夏古文明　山西好风光

你会因为一句诗句，爱上山西景色吗？

（太行）霜威出塞早，云色渡河秋——唐代·李白《太原早秋》

（晋祠）时时出向城西曲，晋祠流水如碧玉——唐代·李白《忆旧游寄谯郡元参军》

（云冈石窟）谁开奇想凿混沌，十窟鳞比只洹宫——《云冈山石窟寺》

（悬空寺）石屏千仞立，古寺半空悬——清代·邓克劭《游悬空寺》

（雁门关）黑云压城城欲摧，甲光向日金麟开——唐代·李贺《雁门太守行》

（五台山）层崖翠接尉蓝天，百太清风待皎然——清代·孔尚任《送牧堂上人游五台》

（鹳雀楼）白日依山尽，黄河入海流——唐代·王之涣《登鹳雀楼》

山西之美、山西之奇远不止于此，还有更多的故事值得我们去探究，期待与你在山西相遇！

思考：

1.观看"因为一句诗句，爱上山西景色"的短视频作品，说说该账号进行短视频运营的目的是什么？

2.观看"山西省文化和旅游厅官方账号"的短视频作品，说说该账号选取了哪些方面的内容进行运营，以达到运营目标。

3.观看"山西省文化和旅游厅官方账号"的短视频作品，说说短视频运营的价值。

第一节　短视频的认知

短视频是新媒体时代基于互联网诞生的新型媒介形式，这种媒介形式因其自身的传播特点符合大众碎片化的使用习惯而迅速火爆，现在已经成为人们生活、娱乐必不可少的一部分。

一、短视频定义和特点

1.短视频的定义

短视频是指在各种新媒体平台上播放的、适合在移动状态和短时休闲状态下观看的、高频推送的视频内容，时长几秒到几分钟不等。内容融合了技能分享、幽默搞怪、时尚潮流、社会热点、街头采访、公益教育、广告创意、商业定制等主题。由于内容较短，可以单独成片，也可以成为系列栏目。

2.短视频的特点

短视频这几年深受国人喜爱，截至 2022 年 12 月，其用户规模已达 10.12 亿，向各类网民群体渗透。为什么它得到那么多用户的喜爱，其实离不开如图 1-1 所示的几个特点。

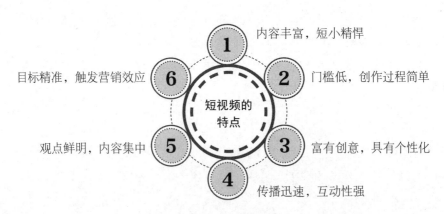

图 1-1　短视频的特点

（1）内容丰富、短小精悍。

短视频的时长限制在 15 秒到 5 分钟之间，内容涵盖范围广，主要内容有幽默搞怪、社会热点、技能分享、广告创意等，这些短视频短小精悍、题材多样、灵动有趣、娱乐性强，而且相较于传统媒体，短视频节奏更快，内容也更加紧凑，符合用户的碎片化阅读习惯，也更方便传播。

（2）门槛低，创作过程简单。

传统的视频，对于非专业人员来讲要求较高，但是短视频对创作者门槛的要求则比较低。当然，低门槛并不一定代表低质量，而是代表着人人可参与到视频拍摄中来，有时只靠一部手机，就能完成短视频的拍摄、制作与上传。随着短视频的不断发展，越来越多的优质作品与中小团队化的制作人才纷纷涌现。

（3）富有创意，具有个性化。

短视频的内容更加丰富，表现形式也更加多元化，也更加符合当下年轻人的需求，制作者可以运用充满个性和创造力的制作及剪辑手法创作出精美、有趣的短视频，以此来表达个人想法和创意。

（4）传播迅速，互动性强。

短视频不只是制作流程简单，传播门槛也很低，传播渠道多样化，很容易实现裂变式传播与熟人间传播。人们可以轻松方便地在平台上分享自己制作的视频，以及观看、评论、点赞他人的视频，丰富的传播渠道提升了短视频的传播力度，扩大了传播范围。

（5）观点鲜明，内容集中。

在快节奏的生活方式下，人们在获取信息时习惯追求"短、平、快"的方式。短视频传递的信息观点鲜明、内容集中、丰富多样，更容易被观众理解和接受。

（6）目标精准，触发营销效应。

和其他营销方式相比较，短视频营销可以更加精准地找到目标用户，使营销量更加可观。短视频平台通常会设置搜索框，对搜索引擎进行优化，而用户一般会在短视频平台上搜索关键词等，用户在搜索时候能够更加精准地找到自己想看的内容，同时，各大平台都有其独特的算法，能将商品更精准地推送给目标用户，促进营销量最大化。

即学即练　讨论：请结合短视频的特点，谈谈你为什么喜欢它？

二、短视频的价值

如今，短视频已成为中国最火热的互联网应用。之所以如此火热，缘于其具有如图1-2所示的价值。

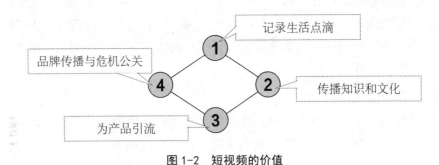

图1-2　短视频的价值

1.记录生活点滴

短视频打破了创作与观看的界限，日渐成为普通人记录生活日常的重要工具。

记录，就是不刻意地展示，而是一些日常点滴的分享。

生活，就是美好的事物或者美好的瞬间或者某个知识点等有价值的内容。

点滴，就是与我们日常相关的点点滴滴。

每一个短视频，都代表着创作者的独特视角。人们在一个个短视频中，能看到柴米油盐，也能感受到喜怒哀乐。每个人的微小创见都可以被看到，从独享到共享，从独创到共创，从传播的可见到创新的可见，短视频照亮了每一个人的创新种子。

课程思语

生活是美好的，我们要主动发现和感受生活的美好，要以积极的眼光发现和记录学习、生活中的美好事件和美好瞬间，关注自己的积极情绪和情感，增加对生命的感悟，也能适当减少学习压力和焦虑的情绪。

2.传播知识和文化

在短视频平台发布的视频不仅能够迅速地记录和反映社会时事及突发性新闻，而且能够以灵活多样的方式传播天文、地理、健康、医疗、体育、文化等知识。

在推动全民学习型社会建设方面，短视频社会化推动了知识共享平台的打造，借助短视频类平台增长知识已经成为一种习惯，知识范畴涉及生活科普、人文社科、科学技术等诸多领域。短视频日益成为文化传播的重要力量。

比如，平遥古城风景区为顺应短视频热潮，在抖音APP上注册了官方账号，一经发布就"吸粉"点赞数万，传播速度非常快。其主要讲述的内容是介绍和推广平遥古城知识和文创产品。

3.为产品引流

海量的短视频流量，意味着无限的商机，不管你是企业主还是个人，都可以通过短视频来推广自己的品牌或服务。

比如，山西老陈醋素有"天下第一醋"的盛誉，已有3000余年的历史，以色、香、醇、浓、酸五大特征著称于世。山西紫林醋业股份有限公司，在抖音APP上注册了官方账号，通过拍摄短视频的方式，讲解陈醋文化，推广企业品牌，让山西陈醋也搭乘上了短视频的顺风车，走向全国乃至世界。

4.品牌传播与危机公关

短视频可以帮助企业和个人进行品牌传播。企业或个人通过短视频清晰表达品牌内涵，展示自身的形象，并通过留言、私信等回复，与"粉丝"进行实时交流，快速消除影响，不让负面信息大量传播，缩小了与"粉丝"之间的距离。

在信息高速发展的今天，谁也不能预料哪个环节会出现问题，因此当事件发生后，短视频平台是一个很好的发声利器，是一个很好的公关阵地。

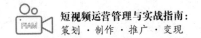

三、短视频的类型

短视频按其不同的分类标准，可分为不同的类型。

1. 按内容形式分类

按内容形式可将短视频分为短纪录片型、网红IP型、情景短剧型、技能分享型、创意剪辑型、随手分享型和精彩片段型几种类型，如表1-1所示。

表1-1　短视频按内容形式分类

序号	分类	具体说明
1	短纪录片型	这类短视频多数以时长较短的纪录片形式呈现，内容相对完整，制作也较为精良，且可以在其中插入广告宣传，时长一般为1~3分钟
2	网红IP型	这类短视频主要由在互联网上具有较高认知度的"网红"所制作并发布，内容一般较为贴近生活，但会根据"网红"所擅长的领域（如音乐、舞蹈、游戏、文艺、逗趣等）而有所差异，时长大概3分钟
3	情景短剧型	此类短视频的内容以创意或搞笑为主，时长剧情内容从十几秒到5分钟不等。此类短视频中的典型是"草根"搞笑型的情景短剧
4	技能分享型	此类短视频包括科普、旅游、美妆等内容的技能分享，时长大概1分钟
5	创意剪辑型	此类视频一般是在已有视频的基础上，利用剪辑技巧和创意，截取其中的片段，或加入特效，或加入解说、评论等元素制作而成，时长基本在5分钟左右
6	随手分享型	此类视频一般是用户随手拍摄并上传的生活类记录视频，内容既可能是生活场景，也可能是自然风光、会议实录片段等，时长一般为数秒到3分钟
7	精彩片段型	此类视频一般为影视剧、体育赛事的精彩片段，特别是某些剧热播期间，将该剧中相关视频画面分类剪辑，或是热门赛事前后，将某些比赛视频画面制作成GIF动图，时长一般为数秒至3分钟

2. 按内容生产方式分类

短视频按照生产方式可以分为PGC（专业生产内容）、PUGC（专业用户生产内容）、UGC（用户生产内容）三种，如表1-2所示。

表1-2　短视频按内容生产方式分类

序号	分类	具体说明
1	PGC	PGC生产者为专业机构，其相较于其他两类生产方的生产成本、专业度和技术要求均较高，具有强媒体属性，制作短视频时长为2～5分钟，一般通过海量优质内容吸引用户的关注和互动，一般这类人群活跃在西瓜视频、梨视频、好看视频等短视频平台
2	PUGC	PUGC生产者指的是拥有"粉丝"基础或拥有某一领域专业知识的KOL（关键意见领袖），这类生产者的生产成本较低，主要依赖流量盈利，兼具社交属性和媒体属性。一般这类内容生产者制作的视频时长为1分钟左右，主要以故事情节作为视频的亮点。快手、抖音、抖音火山版等多为这类人群的首选短视频制作平台
3	UGC	UGC生产者为非专业的普通用户，该类群体的生产成本低、制作简单，因此也基本没有门槛，具有强社交属性。UGC生产者内容制作主要以表达个性自我为主，一般制作时长在15秒以内，代表性平台有抖音、快手和美拍等

学即 练即 复习回答：你知道PGC、PUGC、UGC分别是哪些词的缩写吗？

第二节　短视频运营的认知

网络发展至今，短视频变成社交媒体的"新名片"，大家既能成为观众享受刷短视频的乐趣，又能积极参与成为短视频创作者，拓宽社交边界。而短视频的扩张也让大家看到了背后的商机，因而短视频运营应运而生。

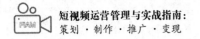

一、认识运营

1. 运营的概念

其实并没有一句话能完整地概括什么是运营，现在互联网企业设置的产品运营岗、新媒体运营岗，传统企业的活动策划运营、销售运营、客服可以说都属于运营的范畴，由此可见运营是一个范围很广的职业。

2. 运营的内涵

可以说，运营是产品／服务连接用户、满足用户、维系用户、服务用户、成就用户的一个复杂过程。其中用户是运营的中心，用户需求是运营的出发点，用户价值是运营的落脚点，如图1-3所示。

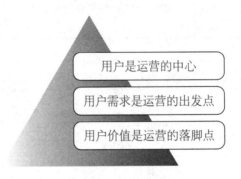

用户是运营的中心

用户需求是运营的出发点

用户价值是运营的落脚点

图1-3　运营的内涵

3. 运营的本质

运营就是基于产品本身的内容建设，是对产品的经营管理，企业使用各种渠道方式去做用户的推广维护，从而更好地抓取产品内容和目标用户。

4. 运营的目标

运营的最终目的当然是为企业增加收入。运营的本质是经营，对产品来说最重要的因素就是用户。企业首先是要扩大用户群体的基数，但基数大却不活跃的"僵尸粉"并不是企业的目标，提高用户活跃度和参与度，寻求更为合适的盈利模式，从而增加企业收入才是企业该有的目标。

5. 运营的核心任务

运营的核心任务就是吸引用户、留住用户、增加流量，具体如图 1-4 所示。

图 1-4　运营的核心任务

6. 运营的分类

一般来说，运营可以分为如表 1-3 所示的几类。

表 1-3　运营的分类

序号	类别	具体说明
1	产品运营	围绕用户需求进行的产品研发、产品功能完善、产品使用体验、产品相关活动等
2	市场运营	产品或服务的定价策略、渠道策略、营销活动、促销活动、公关活动、体验活动等
3	用户运营	获取新用户、维系老用户的一系列相关活动，包括拉新、留存、转化、推荐等
4	内容运营	创造、整理、发布内容，向外界持续不断地输出有价值的优质内容等
5	社群运营	建立网络社区或用户社群，制定社群规则，丰富社群活动，发掘社群价值等
6	商务运营	围绕产品和服务进行的媒体合作、跨界合作、招商赞助等一系列相关活动

即学
即练　　提问：运营的本质是什么？

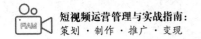

二、短视频运营概述

1. 短视频运营的概念

短视频运营作为新兴职业，它属于新媒体运营或者互联网运营体系下的分支，即利用抖音、微视、火山、快手等短视频平台进行产品宣传、推广、企业营销的一系列活动。企业通过策划与品牌相关的优质、高传播度的视频内容，向客户广泛或者精准推送消息，提高知名度，从而充分利用"粉丝"经济，达到相应的营销目的。

2. 短视频运营的分类与范畴

按不同的分类标准，可将短视频运营分为不同的类型，具体如表1-4所示。

表1-4　短视频运营的分类与范畴

分类标准	具体类型
按平台分类	（1）短视频平台：抖音运营、快手运营、西瓜运营、火山运营等 （2）其他平台的短视频功能：微博短视频运营、微信视频号运营、B站短视频运营、知乎短视频运营等
按流程分类	短视频策划运营、生产运营、分发运营、互动运营、营销运营、流量运营等
按层次分类	短视频的账号运营、内容运营、矩阵运营、公司运营、生态运营等
按目标分类	短视频的"涨粉"运营、拉新运营、转化运营、私域流量运营、带货运营、变现运营等

3. 短视频运营的目标

短视频运营的主要目标如表1-5所示。

表1-5　短视频运营的目标

序号	目标	具体说明
1	流量增长	提升点击量、阅读量、点赞量、转发量、评论量、完播率等
2	"粉丝"增长	从0~1，从100~100万，增加"粉丝"的绝对数量和活跃"粉丝"的相对数量
3	广告曝光	植入企业的品牌广告或效果广告，提升广告的曝光度和品牌的知名度

续表

序号	目标	具体说明
4	带货销售	短视频和直播内容中直接嵌入购买商品的链接，引导用户点击下单
5	商业变现	提升短视频账号或企业的多元化经营收入和利润，实现效益的稳步增长
6	黏着用户	为用户提供更加丰富的价值和服务，提升用户的体验度和黏着度，增加活跃度

4. 短视频运营的基本流程

一般来说，短视频运营的基本流程如图1-5所示。

图1-5　短视频运营的基本流程

即学即练　提问：短视频运营的主要目标有哪些？

第三节　短视频运营的价值

短视频运营是为了提高短视频内容的用户触达率、用户参与度，提升短视频IP知名度，从而为短视频内容产品获取并沉淀线上的用户，以完成品牌价值、用户以及市场占有率的三重增长。

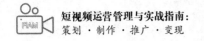

一、让流量变留存用户

如果说短视频内容的自生长遵循的是一种加法法则，那么短视频运营带来的流量和用户增长遵循的则是一种乘法法则，如图1-6所示。

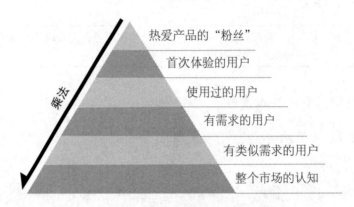

图1-6　短视频运营乘法法则示意

运营的本质就是引流并转化用户，这也是一切营销的目标。目前，"两微一抖"是企业在新媒体层面公认首选的沉淀用户的平台，这些平台可以给企业和产品提供一个与用户直接交流的机会。同时，也可以将用户导流和沉淀到自己的官网及自己的APP产品上，形成自己真正的流量和用户。如果短视频内容只有上线和发行，没有后续的运营工作的话，这一切都不可能实现。

因此，短视频运营的真正价值是帮助内容团队实现真正的获客和留存用户，因为流量本身是不能直接变现的，只有通过获得真实有效用户后，才可能挖掘出真正长期有效的商业模式，实现稳定变现。

二、让沟通更清晰顺畅

互联网上信息传递的方式一定是相互的，单向的传递方式都是低效和无意义的。运营可以将来自用户的反馈变成新的内容和信息，再传递和反馈给用户。比如评论区、弹幕区的管理，微信后台留言的回复等。对于运营人员来说，不能让这些来自用户的信息"石沉大海"。

从某种程度上来看，管理短视频内容的目的就是激起用户的主动信息反馈。而在这些反馈的信息里，往往包含了新选题、新的产品迭代思路、新的市场需求、新的消费需求等。这些信息，对于一个品牌主或者企业方来说，是极其宝贵的。

即学即练 判断：互联网上信息传递的方式是相互的。

三、让内容更具个性化

在短视频内容产品的设计方面，运营层面的工作需要在最初就包含进来。因为运营不仅需要帮助内容对用户起到更好的交互作用，而且帮助内容产品在完成上线之后，持续发酵，产生长尾效应。好的运营，一定是以人格化的方式，结合内容产品的定位，以某种人设的身份，参与到用户评论区管理以及精细化运营过程中的。

每一次通过运营反馈的用户留言与评论，以及发动的线上活动等，都能让你的内容产品更具有人格化与个性化标签，让你的内容产品真正被记住。

四、让内容更具及时性

因为运营的背后是一个人或一个团队，在精细化运营的作用下，你的内容产品会变得更加灵活。因此，在遇到热点事件以及一些偏资讯类内容时，运营可以实现即时的市场和用户需求反馈。

在互联网上，你比别人更快、更敏感，反馈给用户的信息速度越快，所带来的流量红利就越大。

即学即练 判断：运营需要即时对市场和用户需求做出反馈，反馈给用户的信息速度越快，所带来的流量红利就有可能越大。

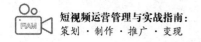

五、让团队获得一手数据

对于内容生产团队来说，大数据应该作为生产内容的一个非常重要的参考。对于一个短视频内容团队来说，最好的迭代策略就是，雇佣合适的员工，突出性价比，之后通过运营的方式获取来自渠道、用户、市场、客户等各方面的数据反馈。

在数据的增长和下降的波动中，找到规律和突破点，不断进行产品迭代和测试，直到将流量和用户的沉淀转化稳定到一个适合的水平上。这些通过运营手段获得的"一手数据"，才是这个市场里最具价值的数据。它们的真实性和有效性，可以帮助你看清很多市场的变化，从而清晰明确自己的产品定位，获得真正的市场竞争力。

**课程
思语**

短视频运营过程中，要留存客户，与用户沟通更顺畅，要注重内容的积极向上，态度的真诚，不可以为了哗众取宠，而采用一些低俗的手段。要通过真实的数据运营让团队成员获得第一手资料，从而让视频内容更具有个性化，更贴近百姓生活。

第二章

组建团队，手把手教你带出优秀运营团队

▶ 知识目标

1.知道运营团队人员构成及各岗位职责。

2.了解运营人员应具备的业务素质。

3.了解运营团队绩效考核指标。

4.知悉短视频运营风险点，掌握防范举措。

▶ 技能目标

1.合理组建和分工短视频运营团队。

2.提升短视频运营团队的人员业务素质。

3.运用正确方法规避短视频运营风险。

▶ 课程目标

强化读者的责任意识，提升执行力，使读者增强职业防范和自我保护意识，珍惜自己的职业生涯。

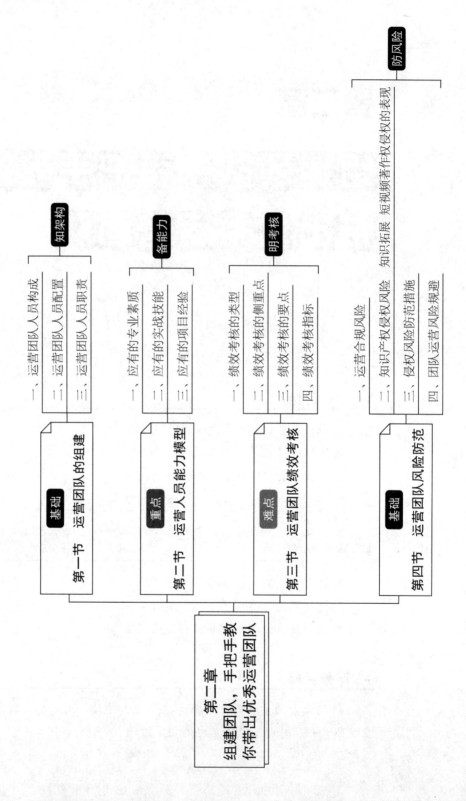

农村小伙自媒体创业改变人生轨迹

山西晋城人小赵，于 2019 年毕业于晋中职业技术学院电子商务专业，通过学校的培养教育，接触到电子商务行业。毕业后选择了刚刚兴起的短视频电商，开始了抖音创业，通过 3 年的努力创办了山西××文化传媒有限公司。他认为企业发展最重要的是人力资源。作为一家从事新媒体短视频的创业企业，要有做整体运营策划的编导，要有体力与专业俱佳的摄像，要有独具匠心和专业能力突出的剪辑，要有平台运营专员等。

2020～2022 年，他带领团队参与企业账号运营，"粉丝"量超 1000 万，并邀请"石榴哥"参与家乡助农活动，将家乡的特产销往全国，其中单场爆品南岭酥梨，4 个小时共售出 8 万斤，一天时间将当地农民每年最发愁的销售难题解决了。他深入家乡康养文旅产业，使之与新媒体结合，并担任全国康养大会泽州县短视频导师，带领选手荣获康养大会"我为晋城代言"短视频竞赛一等奖，协办了晋城市第一届线上神奇古堡旅游节，和全网超 500 万"粉丝"的"中国老佛爷"共同为家乡文旅做出宣传。

2022 年，他深入研究抖音同城业务，创下了单场 260 万元的团购业绩，现在他的创业团队主要业务是借助短视频运营，通过强大的短视频电商思维，让新媒体为企业赋能，助力传统企业再成长、再发展。

思考：

1. 观看抖音账号为"晋城美食侦探"的短视频作品，思考如果你做探店类型的美食账号，将如何组建你的团队？成员各自分工及岗位职责是什么？

2. 观看抖音账号为"晋城美食侦探"的短视频作品，思考如果你做探店类型的美食账号，可能遭遇哪些风险，且如何防范？

3. 在众多的特色农产品短视频账号中，如何挖掘竞争优势从而达到"吸粉"引流的目的？

第一节　运营团队的组建

企业要想能够持续地给用户创作有价值的内容，就必须具备持续制作高质量内容的能力，因此拥有一支优秀的短视频内容制作团队至关重要。所以，组建短视频制作团队是短视频运营前期工作中非常重要的一个环节。

一、运营团队人员构成

一般来说，短视频运营团队主要由如图2-1所示的人员构成。

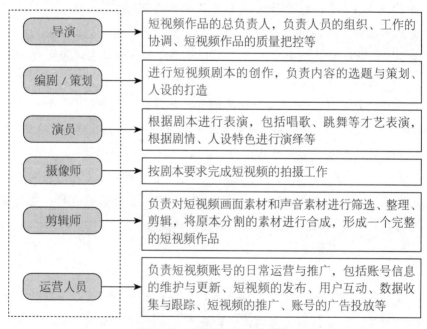

图 2-1　运营团队人员构成

二、运营团队人员配置

越是专业的短视频运营团队，分工就越精细，每部分的工作都应由专人负责。短视频创作者要了解团队成员的构成，根据实际工作需要确定团队人员配置。

1. 1人配置

1人配置，单人成团，1人承包所有的内容制作工作。有的短视频制作团队因经济受限等各种因素的影响自成团队，1个人包揽策划、拍摄、演绎、剪辑等全部工作，但是这种情况工作量很大，且制作时间成本较高，虽然不乏短视频策划与运营优秀实战者，但相对而言整体质量较为一般。

2. 2人配置

2人配置，两人成团，相互分担整体工作。因人员较少，2人配置的分工并不是很明确，通常两人都要承担策划、摄影、剪辑、出镜的工作，或者是一人身兼编剧和导演，另外一人承担拍摄和剪辑的工作。这种人员配置相比单人配置会轻松一些，但是整体任务量依旧比较大，要求两人综合实力要强，相对而言也比较艰难。

3. 多人配置

多人配置为3人及3人以上的成员组成一支内容制作团队，包括编导、摄影师、剪辑师等人员，各司其职。如果是一个标准的起步阶段的短视频团队，人员配置多在4~5人，包括编导、摄影、剪辑、演员、后期，各由1人负责，各人分工明确。

以3人配置为例，具体分配为：

（1）导演、编剧、运营的工作由1人负责；

（2）摄像、剪辑的工作由1人负责；

（3）演员的工作由1人负责。

一般这种人员配置可以完成不同类型短视频的制作与推广。

而5人以上配置的团队，人力比较充足，发展的空间更大、可能性更多。短视频创作团队可以根据业务的需求、团队人员的实际情况等因素从深度或宽度上寻求发展，如图2-2所示。

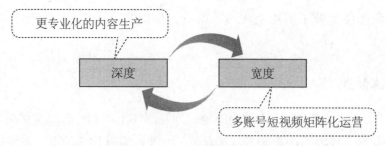

图 2-2　5 人以上团队的发展方向

判断：1 个人也能完成短视频运营工作。

三、运营团队人员职责

一个完整的短视频团队的架构如图 2-3 所示。

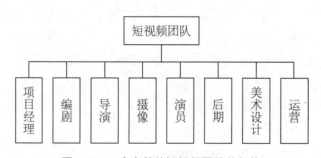

图 2-3　一个完整的短视频团队的架构

一般在大型传媒公司、大型 MCN（网红孵化机构）里，短视频团队基本是这个架构，按照职能分别成立小组，各小组明确分工，各司其职。

1. 项目经理

项目经理的岗位职责如下：

（1）负责内容事业部门整体规划、运营及管理，制定策略以及流程优化；

（2）负责公司常规节目和特殊项目的统筹管理，对各节目和新媒体平台内容选材做方向性的把握；

（3）负责内容运营日常工作管理及总结，优化整体的工作流程以及内容的审核标准；

（4）策划运营活动，协调内部资源与推动执行；

（5）与业内媒体合作，提高知名度及专业度，获取更多外部环境资源。

2. 编剧

编剧的岗位职责如下：

（1）负责公司原创短视频系列内容创作，包括剧本创意，BGM（背景音乐）选取，广告创意，协调后期制作；

（2）能抓住公众或媒体的关注点、喜爱偏好的变化，剧本创作前期能对剧本素材和题材进行整体评估、筛选；

（3）能够改写成型的剧本，输出独立原创剧本，会分镜剪辑等；

（4）了解短视频平台，关注流行趋势及业内热点，根据市场需求与受众喜好，实时调整和改进节目创意策略。

3. 导演

导演的岗位职责如下：

（1）根据节目定位，参与节目内容策划，编写策划案或脚本；

（2）组织录制与拍摄，精准把握节目创作方向，有效把控现场；

（3）跟进后期制作，督促并协调配合后期工作；

（4）监控制作全过程，保证节目按时、按质、按量顺利完成。

4. 摄像

摄像的岗位职责如下：

（1）与导演沟通，按导演制定的拍摄方案开展工作，如确定素材、依据脚本拍摄分镜头等；

（2）负责公司视频类项目的拍摄工作；

（3）负责节目的策划创作、采访拍摄、编辑制作与播出；

（4）负责摄像的颜色、构图、灯光和镜头处理等处于最佳状态，完成高质量画面摄制，完成拍摄后对素材进行整理备份；

（5）负责摄像机等设备的维护工作，保证机器的正常使用。

5. 演员

演员的岗位职责如下：

（1）根据短视频脚本，配合编导，完成短视频演绎；

（2）根据角色需要，能够尽快投入转变，完成短视频制作；

（3）参与公司节目的短视频脚本选题策划。

6. 后期

后期的岗位职责如下：

（1）负责节目视频的剪辑、包装等后期工作，同时参与二次创作；

（2）独立完成视频的剪辑、合成、制作，熟练运用镜头语言；

（3）负责公司视频的素材整理，视频的存档及使用管理；

（4）协助完成拍摄。

7. 美术设计

美术设计的岗位职责如下：

（1）参与前期创意策划、内容表达、风格和视觉表现，有扎实的美术功底和鉴赏能力，平面和色彩感觉良好；

（2）有良好的创意思维和理解能力；

（3）根据导演脚本或分镜完成视频创意设计、视频三维动画部分的设计与制作工作；

（4）具有较强的独立制作能力与沟通能力。

8. 运营

运营的岗位职责如下：

（1）负责短视频日常内容分发上线，包括视频头图、标题、简介、推荐位及部分内容元数据的日常导入、审核、上线、下线，并提供各品类短视频的内容上线计划表；

（2）负责短视频上线后的数据分析、竞品分析，对内容运营的策略方法适时优化改进；

（3）收集用户反馈，与用户互动，根据内容运营效果提供线上、线下相关活动建议；

（4）能够根据数据反馈分析不同流量渠道的流量规则，制定对应的流量获取策略。

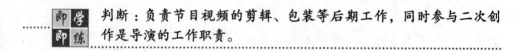

判断：负责节目视频的剪辑、包装等后期工作，同时参与二次创作是导演的工作职责。

**课程
思语**

团队协作就是将个人融入所在团队，服从团队负责人的指挥，配合团队做好相关工作，在团队取得发展和进步的同时，个人得到相应的历练和提升。个人只有具备这样的意识和品质，才能将个人利益置于团队利益之中，实现个人利益与团队利益的统一。

第二节　运营人员能力模型

工欲善其事，必先利其器。对于短视频团队来说，运营人员就是至关重要的"武器"。因为好的策略，需要优秀的人才去实现。这就要求短视频运营团

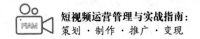

队的人员应具备如图 2-4 所示的能力。

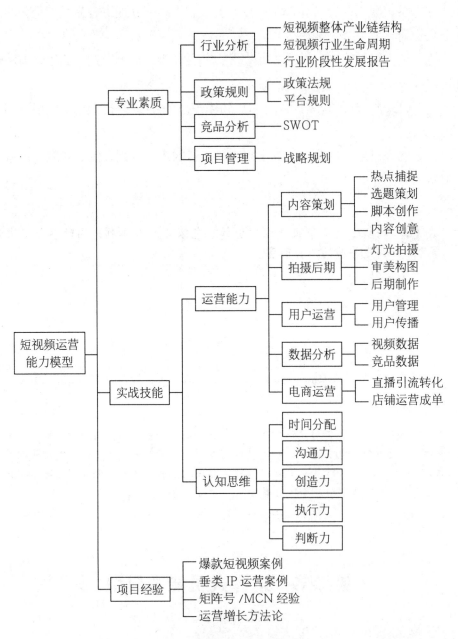

图 2-4 短视频运营人员应具备的能力

SWOT 为优势 (strengths)、劣势 (weaknesses)、机会 (opportunities)、威胁 (threats) 英文首字母的缩写

一、应有的专业素质

对于短视频运营人员来说，应具有以下几方面的专业素质。

1. 行业分析

了解短视频整体的产业结构，短视频行业当前所处的生命周期，并不定期查阅关于该行业的发展报告，这些对于行业的分析放在任何一个领域其实都是行之有效的。

对行业的分析可以帮助你拓宽认知视野。在不断深入的了解过程中，你会更清楚当前自己在整个产业链拼图中的位置，理解不同岗位角色之间的联系和需求，从而发现更多的机会。

2. 法规解读

进入某个领域不可不知的就是行业相关政策法规，以及平台自身的规则。熟知游戏规则，是玩好一个游戏的基本前提。

往往有很多人在运营短视频账号的过程中，容易忽略平台的各种规则，不关心、不阅读、不研究规则，一旦视频或账号收到违禁消息就着急忙慌地四处询问原因。这是典型的"战术勤劳，战略懒惰"。如果你进入的是一个极为细分的视频内容领域，视频数据始终难以突破，不妨先研读一下平台的政策法规。

3. 竞品分析

通过 SWOT 分析法来分析不同短视频平台的优劣势，找准最适合自己的平台。

4. 项目管理

以目标为导向，具备能够从整体方向进行运营流程的梳理和规划的能力。优秀的运营人员，既是专才也是通才。

二、应有的实战技能

实战技能分为运营能力和认知思维两个部分。

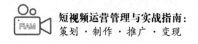

1. 运营能力

按短视频的整个生产流程来划分，运营能力又分为内容策划、拍摄后期、用户运营、数据分析和电商运营。

（1）内容策划。

总结起来，内容策划能力主要对热点捕捉、选题策划、脚本创作、内容创意四个方面提出了要求，如表2-1所示。

表2-1 内容策划的要求

序号	策划要求	具体说明
1	热点捕捉	对于常规型热点和突发型热点，提前准备、快速反应，往往事半功倍 内容策划能力多要求短视频运营人员对热点话题敏锐，能够在视频内容的创作过程中捕捉互联网的突发热点，或者能够挖掘出大众喜闻乐见的话题。捕捉热点的核心在于反应速度要快。针对突发型热点的视频创作，需要注意不要过度营销，态度应摆正。无原则地追热点，可能还会让观众产生厌恶心理，取得反效果
2	选题策划	选题策划就是把热点与自身产品结合起来，变大众热点为自己的创作源泉
3	脚本创作	脚本创作就是要把漂浮在脑海里的主意、文字视频化的一个过程，是视频拍摄的参考依据。脚本创作需要说明时间、地点、场景、镜头运用、景别、道具等内容，脚本就像是音乐会现场的指挥家，每个人下一步要做什么事情在脚本上一目了然，可以帮助你秩序井然地掌控整个拍摄的现场和进度
4	内容创意	创意是来自各个方面的信息，是创作者产生的灵感。它通过创作者的加工，会使展示的内容更加富有冲击力。创意短视频生产流程中很关键的人物就是编剧人员和策划人员，他们在拍摄之前需要有创意的点子，并把创意的点子融入脚本中

即学即练 选择题：按短视频的整个生产流程来划分，运营能力又分为内容策划、拍摄后期、用户运营、_____和电商运营。

A.数据分析 B.直播运营

（2）拍摄后期。

很多公司的短视频团队会在综合运营岗位之外专门设立一个拍摄后期的岗位，对于该岗位的要求是既要能拍视频又要能剪视频。拍摄后期的岗位更偏工具型人才，注重对各类视频处理软件如 Pr、PS、AU、AE、Final Cut 等的应用。

不同定位的账号对于视频拍摄的质感要求大不一样。比如日常生活搞笑演绎类账号，视频基本都是用手机拍摄的，这类内容的真实趣味性往往大于视频拍摄质感，主要通过内容调动用户的情绪。这不是说视频的质感不重要，相反，对于一些注重塑造专业感、追求品牌影响的账号，在拍摄灯光上下足功夫，反而能让用户觉出来制作者的用心，从而用精致和专业说服用户关注你。

尽管拍摄后期对于运营人员不是必须掌握的技能，但如果对此毫无感知也是不行的。综合型的运营人才即便不精通拍摄和后期制作，至少也要对此略知一二，具备基本的审美能力，对构图、分镜、运镜等专业知识有一定的了解，这样在后续与剪辑师的工作配合中，运营人员能更好地估算拍摄剪辑的工作量占比，更好地在尊重剪辑师专业技能的基础上配合他们工作。

（3）用户运营。

短视频内容生产出来以后，就要经由基于某类共同属性和特征的用户去进行评分式的检验，可以说用户运营的环节是短视频发布后的核心动作。在短视频的用户运营环节里，每个人都可以根据自身的实际业务和需求来理解与重构属于自己的 AARRR 用户管理模型，即用户触达（reach）、获取目标用户（acquisition）、提高账号"粉丝"的活跃度（activation）、提升用户的留存率（retention）、激励用户传播（refer），如表 2-2 所示。

表 2-2　AARRR 用户管理模型

序号	模型	具体说明
1	用户触达 （reach）	除了把内容作为核心的抓手之外，很多聪明的创作者善于借助平台已有的功能来尽可能地将视频呈现给更多的用户，比如发布视频时带上坐标位置、视频发布后让矩阵账号再转发、利用视频文案区的 @ 功能、投放平台的推广广告。平台外的新媒体渠道诸如社群、自媒体账号都可以联动起来，运营得好也能引起更多用户的关注

序号	模型	具体说明
2	获取目标用户（acquisition）	短视频平台是一个"各种垂类兴趣爱好的集合圈"。短视频平台不仅鼓励原创，而且鼓励创作者对内容做深度的垂直化运营，因为只有你的内容足够垂直化、账号风格统一、前后形象一致，平台才能更高效地帮助你在茫茫人海中找寻到对你的内容标签感兴趣的那一群人 那么如何让算法更精准地识别和理解你呢？这就倒逼你在进行目标用户触达前，去了解自己的内容所面向的用户群体：他们是谁？他们在哪？他们的年龄多大？受教育程度如何？他们通常活跃在哪个时间段？他们具有的共性特征是什么？他们最关心什么话题？只有了解清楚你的目标人群在哪里，才能更好地通过内容去触达他们
3	提高账号"粉丝"的活跃度（activation）	短视频平台的评论区是除了视频内容之外也高度引人关注的一个地方，在抖音上这一点体现得更加突出
4	提升用户的留存率（retention）	对比抖音，快手的社区属性更适合做用户的留存和持续的互动触达。这主要是因为快手有社群和发布说说的功能，很多创作者会利用这些功能来做用户的留存和运营
5	激励用户传播（refer）	一般传播的有效方式和途径就是活动，通过策划创意类的活动来扩大传播的声量。但在短视频运营上，用户传播的关键行为就是"转发"，用户传播的行为与短视频的内容质量强相关，能引起用户情感共鸣的内容往往能激起用户自发的传播行为

短视频运营得久了，你就会发现内容的创作重心会慢慢从"我要表达什么"转变为"被期待表达什么"，只有你表达出用户想知道的、用户想说但是没说出来的，用户才会感受到被理解，从而更加主动地去转发。

（4）数据分析。

① 对自己账号的周期数据的对比和分析。短视频运营，应时刻关注数据，诸如"粉丝"数、点赞数、播放量等，其实都是运营的数据指标，除了外显的直观数据之外，短视频运营人员还需要具备通过数据去观察内容趋势变化、洞察用户喜好的能力。尤其要注重点赞量和评论量，点赞量可以表示用户对这个视频的认可和喜欢程度，评论量能看出用户对什么样的话题更感兴趣，对于后续的内容选题可以提供参考。

② 对竞品账号做数据分析。所谓"知己知彼，百战不殆"，关注竞品不是

单纯地看它的"粉丝"数，而是去了解它在快速"涨粉"的背后都做了哪些动作：是更新频率提高了，还是选题更有针对性了？是视频的形式有大的变化，还是人物角色有调整？

数据分析的过程就是对账号进行的一次全身检查和诊断，在这个过程中发现的变量就是引起注意去进行深究和探索的方向。

关注竞品的数据分析，不要只看"粉丝"量比自己高的竞品账号，也要关注那些与自己目标人群精准匹配但是"粉丝"量少的竞品账号。"粉丝"量的多少只能代表账号当前的不同状态，从成熟的竞品账号上你能更多地学习到它的变现方式和方法，从新开的账号上你能学习到它是如何快速做"粉丝"的圈定和积累的。即便是那些半途折载的竞品账号，也有进行数据分析的必要，因为你能从中嗅到风险从而避免不必要的损失。

（5）电商运营。

如今的短视频平台更像是一个内容电商平台，内容运营是基础，在这个基础之上寻求可持续的变现方法是每个创作者的必经之路。具体到短视频平台上，核心的变现方式则聚焦在直播引流转化和店铺优化成单上。

2. 认知思维

1973 年美国心理学家麦克利兰提出一个著名的"冰山模型"，将人的能力素质分为"冰山以上部分"和"冰山以下部分"，其中个人的综合能力如执行力、思考能力、创造力、判断力、时间分配与管理等，这些不易外显的能力就属于冰山以下的部分，这些能力也决定了你和别人的工作方式和效率的差异。

认知思维能力中的创造力对于短视频内容创作者而言，尤其重要。那么，在短视频领域，如何发挥创造力呢？有以下几种方法可以尝试。

（1）你可以从视频形态上进行创新，比如别人拍几十秒的短视频，那你可以尝试记录生活的 vlog（视频记录）；别人拍炫酷的生活实景，那你可以拍虚实难辨的技术流。

（2）你可以从视频内容上进行创新，比如别人记录真实的生活，你可以从生活中提炼出故事再把它艺术化演绎出来，如"papi 酱""奇妙博物馆"等，都是在真实生活中挖掘出与大众产生共鸣的点，再用夸张的演绎或奇妙的故事等形式呈现出来，这样就会让人觉得耳目一新。

> **小提示**
>
> 创造力来源于对生活的观察，没有对生活热切的洞察和体会，就很难创造出打动人心的作品。

三、应有的项目经验

衡量一个短视频运营人员在短视频运营这件事情上的核心产出，有三个关键词，如图 2-5 所示。

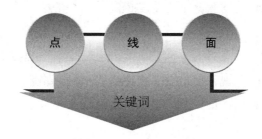

图 2-5　衡量短视频运营者核心产出的关键词

1. 点

"点"即"爆款"，每条短视频在推荐的算法池里都可以作为单独的兵士，发布后的 24 小时内就能看到它的潜力。

2. 线

"线"就是对垂类 IP 的塑造，用户对 IP 的认知是由每一个视频逐步串联起来的，用户对 IP 的信任也是逐步累积起来的，通过单独的短视频去最大化地展现和放大人物的特点，让其在用户心里占据一角，这样的 IP 才是有生命力的，就好比一提起"戏精"往往会想起"papi 酱"一样。

3. 面

"面"就是爆款账号及打造 IP 的运营能力的迁移和复制，从一个垂类的一个账号，到一个垂类的多个账号，乃至多个垂类的多个账号，都是对自身运营能力和方法论的反复打磨及检验。

运营增长方法论是从爆款视频、垂类 IP、矩阵号 /MCN 经验中提炼出来的具有指导意义的经验和方法，也是在不断实战过程中沉淀下来的关于短视频的玩法和套路总结，方法论是衡量一个运营人员是否具备运营短视频的思路和策略的标准。

学即 练即 提问：衡量一个短视频运营人员在短视频运营这件事情上的核心产出，有三个关键词，其中"点"指什么？

第三节　运营团队绩效考核

为了客观、准确地评价短视频运营团队成员的工作业绩，充分调动各成员的工作积极性，企业有必要对运营团队的成员实施绩效考核。

一、绩效考核的类型

一般来说，短视频团队绩效考核指标分为团队绩效指标、岗位绩效指标、行为绩效指标三大类。

1.团队绩效指标

团队绩效指标主要有账号的播放量、点赞量、"涨粉"量和视频的完播率、评论转发量等。

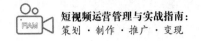
2.岗位绩效指标

根据每个岗位的工作职责、工作目标、工作价值等制定。

3.行为绩效指标

行为绩效指标是对团队绩效指标和岗位绩效指标的一个补充，要防止员工只做关键指标工作，而对于需要团队配合、临时新增或者不是关键性指标的工作，员工不做或者不能很好地去落实。

小提示

行为绩效指标一般占权重的10％～20％，具体考核哪些指标，每个团队可以根据自己所需要强调的主要价值观确定。

二、绩效考核的侧重点

1.起号阶段

起号阶段"涨粉"是非常重要的，如果没有"粉丝"，后面的直播带货或其他目标根本无法实现，这时候就要加大"涨粉"量的考核力度。

2.直播阶段

这个阶段，短视频给直播间的引流则非常重要，不能指望所有的流量都靠付费推广。这个时候就要加大短视频引流量的考核。

3.短视频小黄车带货

有些产品可以通过短视频小黄车直接进行成交，那么这个时候对于短视频GMV（商品交易总额）的考核则非常重要。

提问：在起号阶段，绩效考核的侧重点是什么？

三、绩效考核的要点

对于短视频运营团队来说，做好绩效考核应注意把握如图 2-6 所示的要点。

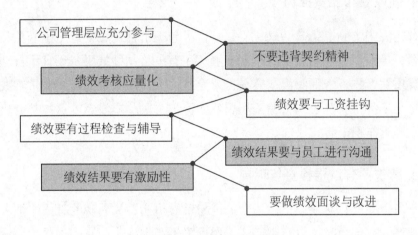

图 2-6　绩效考核的要点

1. 公司管理层应充分参与

绩效制度、政策没有与管理层进行协商，会导致公司管理者直接与员工发生冲突，要么政策执行不下去、要么有些员工离职。尤其原来对员工是不考核的或者考核没那么严格的，员工基本上是"旱涝保收"的状态。因此，公司管理层要深度参与绩效考核制度的出台。

2. 不要违背契约精神

进行绩效考核后，员工的工资会根据绩效结果进行浮动，这与员工进公司

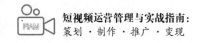

的时候所承诺的工资不同。很容易让员工认为公司是想找个理由扣员工工资，员工就会传播负面情绪，甚至有的直接去申请劳动仲裁。

3.绩效考核应量化

员工的绩效考核指标抓取不准、量化程度低、没有明确的评分标准和数据来源，会导致绩效考核的时候上级主观评分多。公司花了大量精力和时间得到的结果就是大家绩效考核分"都很高"，使得绩效考核流于形式，没有奖罚，大家不重视，进而导致恶性循环。

4.绩效要与工资挂钩

有些公司实施了绩效考核，但是一直不与工资挂钩，怕这里出问题，那里出问题，导致员工对绩效重视程度不够。还有些公司绩效工资设计不合理，导致轻奖重罚，扣工资的时候很容易，力度也很大，加工资的时候非常难或者力度非常小；甚至有些公司普遍采用罚款措施，奖励基本没有。这些都会极大挫伤员工的工作积极性。

5.绩效要有过程检查与辅导

有些企业没有对绩效指标建立跟进与辅导机制，到月底的时候才把考核表拿出来评分，那个时候没有完成的工作也来不及完成了。有的过程数据没有记录下来，导致月底的时候员工忘了考核数据的实际情况，只凭印象打分。

绩效考核的目的是促进公司、部门、岗位的目标达成，绝对不是为了绩效考核而考核。

6.绩效结果要与员工进行沟通

绩效考核结果出来之后一定要与员工进行沟通，让员工本人确认；绩效工资和工资表计算好后也要在发工资之前与员工确认。

刚开始做绩效考核的时候，很难保证公司相关人员在操作的时候不出错误，如果导致员工工资被错扣，就很容易让员工对公司产生敌对情绪。

7. 绩效结果要有激励性

有些企业绩效考核结果只与员工工资挂钩，毕竟绩效考核只占工资的一小部分，大部分员工发的还是固定工资，会导致有些员工扣几百元或者几十元根本无所谓的心理，这样就导致员工对绩效"免疫"。

所以，这时候要把员工的绩效与晋升、调薪、培训、年终奖、评优等全面结合起来，这样对员工的激励性就会大大增强。

8. 要做绩效面谈与改进

有些企业员工绩效考核完了，绩效工资算完了，就置之不理了。对员工没有完成的指标根本不进行总结，到底是客观的问题还是员工自身的问题根本不去分析，也不帮助员工改进。久而久之，员工谈绩效色变。所以这里要说明的是，绩效的目的是让员工改善绩效，而不仅是扣员工工资。

 判断：绩效应该与工资挂钩。

四、绩效考核指标

短视频运营团队绩效考核指标要根据公司的定位及营销的目标来制定。下面提供几份不同岗位的绩效考核指标，仅供参考。

（1）短视频运营经理KPI（关键绩效考核）绩效考核指标（表2-3）。

表 2-3　短视频运营经理 KPI 绩效考核指标

职位			短视频运营经理						
类别	KPI 指标	详细描述	打分标准	目标分值/分	数据来源	自评 20%	一级考核者 60%	二级考核者 20%	得分
关键绩效考核指标（80%）总分100分	CVR（每次行动成本）（10分）	衡量 CPA（转化率）广告效果的指标 CVR＝（转化量/点击量）×100%	≥1%	10	财务中心/运营中心				
			1%＞…≥0.5%	8					
			0.5%＞…≥0.1%	5					
			＜0.1%	0					
	"新粉"获得率（10分）	（本期"粉丝"数量－上期"粉丝"数量/上期"粉丝"数量）×100%	≤15%	10	运营中心				
			15%＞…≥10%	8					
			10%＞…≥5%	5					
			＜5%	0					
	完播率（10分）	（完整看完视频的用户数量/看视频的用户总数量）×100%	≥50%	10	运营中心				
			50%＞…≥30%	8					
			30%＞…≥20%	5					
			＜20%	0					
	点赞率（10分）	（点赞量/播放量）×100%	≥5%	10	运营中心				
			5%＞…≥3%	8					
			3%＞…≥2%	5					
			＜2%	0					
	转发率（10分）	（转发量/播放量）×100%	≥5%	10	运营中心				
			5%＞…≥3%	8					
			3%＞…≥2%	5					
			＜2%	0					
	评论率（10分）	（评论量/视频播放量）×100%	≥1%	10	运营中心				
			1%＞…≥0.5%	8					
			0.5%＞…≥0.1%	5					
			＜0.1%	0					

续表

类别	KPI 指标	详细描述	打分标准	目标 分值 / 分	数据 来源	自评 20%	一级 考核 者 60%	二级 考核 者 20%	得分
关键 绩效 考核 指标 （80%） 总分 100分	"吸粉" 率（10 分）	（视频"吸粉"量 / 视频播放量）× 100%	≥ 1%	10	运营 中心				
			1% > … ≥ 0.5%	8					
			0.5% > … ≥ 0.1%	5					
			< 0.1%	0					
	有效互 动率 （10分）	[有过广告互动 行为的 UV（独 立访客访问 数）/ 广告曝光 UV] × 100%	≥ 1%	10	运营 中心				
			1% > … ≥ 0.5%	8					
			0.5% > … ≥ 0.1%	5					
			< 0.1%	0					
	原创率 （10分）	（周期内原创总视 频数 / 周期内发 布总视频数）× 100%	≥ 50%	10	运营 中心				
			50% > … ≥ 40%	8					
			40% > … ≥ 20%	5					
			< 20%	0					
	直播转 化率 （10分）	（产生购买行为的 客户数量 / 所有 观看直播的访客 数量）× 100%	≥ 30%	10	运营 中心				
			30% > … ≥ 15%	8					
			15% > … ≥ 10%	5					
			< 10%	0					
管理 行为 指标 （20%） 总分 100分	团队 管理 （20分）	团队管理及组织 能力	有组织，有条理， 员工积极性高	20					
			带领员工圆满完成 工作	15					
			工作虽不滞后，但 组织管理方面欠缺	10					
			管人、管事均杂乱 无章	0					
	员工 培养 （20分）	对员工的辅导情况	悉心辅导激励全员， 不断引导员工进取、 成长	20					
			关注个别员工需求 并给予一定奖励与 指导	15					

续表

类别	KPI 指标	详细描述	打分标准	目标分值/分	数据来源	自评 20%	一级考核者 60%	二级考核者 20%	得分
管理行为指标（20%）总分 100 分	员工培养（20分）	对员工的辅导情况	观念认同，但不太愿意多方培养员工	10					
			欠缺分配工作及辅导员工的工作方法	0					
	沟通协调（20分）	与各方面关系协调，化解矛盾，说服他人，以及人际交往的情况	对方提出问题能及时答复并迅速协商解决	20					
			出现问题不推诿，并力求解决途径	15					
			出现问题不主动协调，但一般能解决	10					
			出现问题推诿，解决问题时态度较差	0					
	主动性（20分）	对工作（内容、时间、数量、程序）的主动性	一直主动工作且工作有计划	20					
			主动开展工作	15					
			日常工作无需指示，但新任务需督促	10					
			只能照章行事，需不断督促	0					
	责任感（20分）	承担责任的能力	竭尽所能并勇于承担责任	20					
			了解自己的职责且有责任心	15					
			责任心一般，不能主动承担责任	10					
			应付工作且经常推卸责任	0					
加减分项	投诉	内部投诉	凡因个人原因造成公司被投诉的，一次扣 5 分						

续表

类别	KPI 指标	详细描述	打分标准	目标分值/分	数据来源	自评 20%	一级考核者 60%	二级考核者 20%	得分
加减分项	投诉	外部投诉	出现任何第三方投诉，一次扣5分						
	违纪	一般违纪行为	参见《奖惩管理制度》，一次扣5分						
		严重违纪行为	参见《奖惩管理制度》，一次扣10分						
	奖励	工作奖励	在工作中有突出表现或进行了额外的工作，可由直接上级根据实际情况酌情给予加分						

合计（最终得分 = 关键绩效考核指标得分 ×80% + 管理绩效考核指标得分 ×20% + 加减分项）	

绩效分值 / 分	评级	绩效系数
分值 ≤ 59	D	0
60 ≤ 分值 ≤ 79	C	0.5
80 ≤ 分值 ≤ 99	B	0.8
100 ≤ 分值 < 120	A	1.0
分值 ≥ 120	S	1.2

绩效工资标准	绩效得分	处罚扣分	奖励加分	综合得分	绩效评级	绩效系数	实发绩效工资

评语及建议（直接上级填写）	包括综合评价、培训提升、能力提高、问题改进等评价及建议（附绩效面谈记录表）： 签名：　　　　　　　　　　日期：
晋升意见（直接上级填写）	依据本次评价，特决定该员工： [ ] 转正：在＿＿＿＿＿＿任＿＿＿＿＿＿职 [ ] 升职至＿＿＿＿＿＿ [ ] 降职为＿＿＿＿＿＿ [ ] 提薪 / 降薪为＿＿＿＿＿＿ [ ] 辞退

续表

员工签字		主管领导签字	
人力资源总监签字		总经理签字	

（2）短视频运营专员KPI绩效考核指标（表2-4）。

表2-4　短视频运营专员KPI绩效考核指标

职位			短视频运营专员						
类别	KPI指标	详细描述	打分标准	目标分值/分	数据来源	自评20%	一级考核者60%	二级考核者20%	得分
关键绩效考核指标（80%）总分100分	完播率（20分）	（完整看完视频的用户数量/看视频的用户总数量）×100%	≥50%	20	运营中心				
			50%＞…≥30%	15					
			30%＞…≥20%	10					
			＜20%	0					
	点赞率（20分）	（点赞量/播放量）×100%	≥5%	20	运营中心				
			5%＞…≥3%	15					
			3%＞…≥2%	10					
			＜2%	0					
	"吸粉"率（20分）	（视频"吸粉"量/视频播放量）×100%	≥1%	20	运营中心				
			1%＞…≥0.5%	15					
			0.5%＞…≥0.1%	10					
			＜0.1%	0					
	视频数量（10分）	短视频制作数量（单位：条）	数量≥10条，10分；5条≤数量＜10条，5分；数量＜5条，0分	10	运营中心				
	转发率（10分）	（转发量/播放量）×100%	≥5%	10	运营中心				
			5%＞…≥3%	8					
			3%＞…≥2%	5					
			＜2%	0					

续表

类别	KPI 指标	详细描述	打分标准	目标 分值 /分	数据 来源	自评 20%	一级 考核 者 60%	二级 考核 者 20%	得分
关键绩效考核指标（80%）总分100分	评论率（10分）	（评论量/视频播放量）×100%	≥1%	10	运营中心				
			1%＞…≥0.5%	8					
			0.5%＞…≥0.1%	5					
			＜0.1%	0					
	CVR（5分）	衡量CPA广告效果的指标CVR=（转化量/点击量）×100%	≥1%	5	运营中心/财务中心				
			1%＞…≥0.5%	3					
			0.5%＞…≥0.1%	2					
			＜0.1%	0					
	直播转化率（5分）	（产生购买行为的客户数量/所有观看直播的访客数量）×100%	≥30%	5	运营中心/财务中心				
			30＞…≥15%	3					
			15%＞…≥10%	2					
			＜10%	0					
日常工作行为指标（20%）总分100分	工作态度（40分）	责任心（20分）	积极主动，责任心强，能很好完成任务	20					
			有责任心，可放心交付工作	15					
			尚有责任心，基本能完成工作	10					
			无责任心，上班时间常做与工作无关的事情	0					
		勤奋度（20分）	对公司有信心，奉献在先，回报在后	20					
			以承担的工作和责任为重，而不仅仅视其为谋生手段	15					
			言行尚规范，无越轨行为	10					
			自我意识重，只讲获取，不讲奉献	0					

续表

类别	KPI 指标	详细描述	打分标准	目标分值 / 分	数据来源	自评 20%	一级考核者 60%	二级考核者 20%	得分
日常工作行为指标（20%）总分100分	工作能力（60分）	团队合作（20分）	善于团结合作，起带头作用，发挥中心优势	20					
			尚能与他人合作，保证中心完成任务	15					
			主动性不够，勉强配合领导和他人完成任务	10					
			难与他人合作，成为公司、中心的包袱	0					
		执行力（20分）	认真执行各项工作，理解力强，工作高效	20					
			执行交办的各项工作，有时提出合理化建议	15					
			执行力度一般，需督促	10					
			能力差，态度不积极	0					
		工作效率（20分）	完成工作速度快，质量高，无差错	20					
			能分清主次，按时按质完成任务，效果较好	15					
			需在指导和督促下完成任务，工作时有差错	10					
			工作不分主次，效率低，工作时有差错	0					
加减分项	投诉	内部投诉	凡因个人原因造成公司被投诉的，一次扣5分						
		外部投诉	出现任何第三方投诉，一次扣5分						
	违纪	一般违纪行为	参见《奖惩管理制度》，一次扣5分						
		严重违纪行为	参见《奖惩管理制度》，一次扣10分						

续表

类别	KPI 指标	详细描述	打分标准	目标分值/分	数据来源	自评 20%	一级考核者 60%	二级考核者 20%	得分
加减分项	奖励	工作奖励	在工作中有突出表现或进行了额外的工作，可由直接上级根据实际情况酌情给予加分						

合计（最终得分 = 关键绩效考核指标得分 ×80% + 日常工作行为指标得分 ×20% + 加减分项）			

绩效分值/分	评级	绩效系数
分值≤59	D	0.0
60≤分值≤79	C	0.5
80≤分值≤99	B	0.8
100≤分值＜120	A	1.0
分值≥120	S	1.2

绩效工资标准	绩效得分	处罚扣分	奖励加分	综合得分	绩效评级	绩效系数	实发绩效工资

评语及建议（直接上级填写）	包括综合评价、培训提升、能力提高、问题改进等评价及建议（附《绩效面谈记录表》）： 签名：　　　　　　　　　　　　日期：
晋升意见（直接上级填写）	依据本次评价，特决定该员工： [　]转正：在＿＿＿＿＿＿任＿＿＿＿＿＿职 [　]升职至＿＿＿＿＿＿＿ [　]降职为＿＿＿＿＿＿＿ [　]提薪/降薪为＿＿＿＿＿＿ [　]辞退
员工签字	主管领导签字
人力资源总监签字	总经理签字

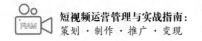
（3）短视频编导KPI绩效考核指标（表2-5）。

表2-5　短视频编导KPI绩效考核指标

职位									短视频编导	
类别	KPI指标	详细描述	打分标准		目标分值/分	数据来源	自评20%	一级考核者60%	二级考核者20%	得分
关键绩效考核指标（80%）总分100分	完播率（20分）	（完整看完视频的用户数量/看视频的用户总数量）×100%	≥50%		20	运营中心				
			50%>…≥30%		15					
			30%>…≥20%		10					
			<20%		0					
	点赞率（20分）	（点赞量/播放量）×100%	≥5%		20	运营中心				
			5%>…≥3%		15					
			3%>…≥2%		10					
			<2%		0					
	转发率（20分）	（转发量/播放量）×100%	≥5%		20	运营中心				
			5%>…≥3%		15					
			3%>…≥2%		10					
			<2%		0					
	评论率（20分）	（评论量/视频播放量）×100%	≥1%		20	运营中心				
			1%>…≥0.5%		15					
			0.5%>…≥0.1%		10					
			<0.1%		0					
	停留时间（20分）	视频是否吸引用户（单位：秒）	≥10秒		20	运营中心				
			10秒>…≥5秒		10					
			<5秒		0					
日常工作行为指标（20%）总分100分	工作态度（40分）	责任心（20分）	积极主动，责任心强，能很好地完成任务		20					
			有责任心，可放心交付工作		15					
			尚有责任心，基本能完成工作		10					

类别	KPI 指标	详细描述	打分标准	目标分值 / 分	数据来源	自评 20%	一级考核者 60%	二级考核者 20%	得分
日常工作行为指标（20%）总分100分	工作态度（40分）	责任心（20分）	无责任心，上班时间常做与工作无关的事情	0					
		勤奋度（20分）	对公司有信心，奉献在先，回报在后	20					
			以承担的工作和责任重，而不仅仅视其为谋生手段	15					
			言行尚规范，无越轨行为	10					
			自我意识重，只讲获取，不讲奉献	0					
	工作能力（60分）	团队合作（20分）	善于团结合作，起带头作用，发挥团队优势	20					
			尚能与他人合作，保证团队完成任务	15					
			主动性不够，勉强配合领导和他人完成任务	10					
			难与他人合作，成为公司、团队的包袱	0					
		执行力（20分）	认真执行各项工作，理解力强，工作高效	20					
			执行交办的各项工作，有时提出合理化建议	15					
			执行力度一般，需督促	10					
			能力差，态度不积极	0					
		工作效率（20分）	完成工作速度快，质量高，无差错	20					
			能分清主次，按时按质完成任务，效果较好	15					
			需在指导和督促下完成任务，工作时有差错	10					
			工作不分主次，效率低，工作时有差错	0					

类别	KPI指标	详细描述	打分标准	目标分值/分	数据来源	自评20%	一级考核者60%	二级考核者20%	得分
加减分项	投诉	内部投诉	凡因个人原因造成公司被投诉的，一次扣5分						
		外部投诉	出现任何第三方投诉，一次扣5分						
	违纪	一般违纪行为	参见《奖惩管理制度》，一次扣5分						
		严重违纪行为	参见《奖惩管理制度》，一次扣10分						
	奖励	工作奖励	在工作中有突出表现或进行了额外的工作，可由直接上级根据实际情况酌情给予加分						

合计（最终得分＝关键绩效考核指标得分×80%＋日常工作行为指标得分×20%＋加减分项）		
绩效分值/分	评价	绩效系数
分值≤59	D	0.0
60≤分值≤79	C	0.5
80≤分值≤99	B	0.8
100≤分值＜120	A	1.0
分值≥120	S	1.2

绩效工资标准	绩效得分	处罚扣分	奖励加分	综合得分	绩效评级	绩效系数	实发绩效工资

评语及建议（直接上级填写）	包括综合评价、培训提升、能力提高、问题改进等评价及建议（附《绩效面谈记录表》）： 签名：　　　　　　　　　日期：

晋升意见 （直接上级填写）	依据本次评价，特决定该员工： [ ]转正：在_____任_____职 [ ]升职至_____ [ ]降职为_____ [ ]提薪/降薪为_____ [ ]辞退		
员工签字		主管领导签字	
人力资源总监 签字		总经理签字	

（4）短视频演员KPI绩效考核指标（表2-6）。

表2-6 短视频演员KPI绩效考核指标

职位				短视频演员						
类别	KPI 指标	详细描述	打分标准		目标 分值 /分	数据 来源	自评 20%	一级 考核 者 60%	二级 考核 者 20%	得 分
关键绩效考核指标（80%）总分100分	完播率 （20分）	（完整看完视频的用户数量/看视频的用户总数量）×100%	≥50%		20	运营中心				
			50%＞…≥30%		15					
			30%＞…≥20%		10					
			＜20%		0					
	播放量 （20分）	短视频播放量 （单位：万）	总播放量≥300万，要求至少有3条播放量破10万，达到以上2条，20分；任意1条未达到，15分。总播放量大于200万低于300万，有3条播放量破5万，达到以上2条，10分；任意1条未达到，0分	20		运营中心				
				15						
				10						
				0						
	点赞量 （15分）	（点赞量/播放量）×100%	≥5%		15	运营中心				
			5%＞…≥3%		10					
			3%＞…≥2%		5					
			＜2%		0					

类别	KPI 指标	详细描述	打分标准	目标分值/分	数据来源	自评20%	一级考核者60%	二级考核者20%	得分
关键绩效考核指标（80%）总分100分	转发率（15分）	（转发量/播放量）×100%	≥5%	15	运营中心				
			5%>…≥3%	10					
			3%>…≥2%	5					
			<2%	0					
	评论率（10分）	（评论量/视频播放量）×100%	≥1%	10	运营中心				
			1%>…≥0.5%	8					
			0.5%>…≥0.1%	5					
			<0.1%	0					
	停留时间（10分）	视频是否吸引用户（单位：秒）	≥10秒	10	运营中心				
			10秒>…≥5秒	5					
			<5秒	0					
	"新粉"获得率（10分）	（本期"粉丝"数量-上期"粉丝"数量/上期"粉丝"数量）×100%	≥15%	10	运营中心				
			15%>…≥10%	8					
			10%>…≥5%	5					
			<5%	0					
日常工作行为指标（20%）总分100分	工作态度（40分）	责任心（20分）	积极主动，责任心强，能很好地完成任务	20					
			有责任心，可放心交付工作	15					
			尚有责任心，基本能完成工作	10					
			无责任心，上班时间常做与工作无关的事情	0					
		勤奋度（20分）	对公司有信心，奉献在先，回报在后	20					
			以承担的工作和责任为重，而不仅仅视其为谋生手段	15					

续表

类别	KPI指标	详细描述	打分标准	目标分值/分	数据来源	白评20%	一级考核者60%	二级考核者20%	得分
日常工作行为指标（20%）总分100分	工作态度（40分）	勤奋度（20分）	言行尚规范，无越轨行为	10					
			自我意识重，只讲获取，不讲奉献	0					
	工作能力（60分）	团队合作（20分）	善于团结合作，起带头作用，发挥中心优势	20					
			尚能与他人合作，保证中心完成任务	15					
			主动性不够，勉强配合领导和他人完成任务	10					
			难与他人合作，成为公司、中心的包袱	0					
		执行力（20分）	认真执行各项工作，理解力强，工作高效	20					
			执行交办的各项工作时有时提出合理化建议	1S					
			执行力度一般，需督促	10					
			能力差，态度不积极	0					
		工作效率（20分）	完成工作速度快，质量高，无差错	20					
			能分清主次，按时按质完成任务，效果较好	15					
			需在指导和督促下完成任务，工作时有差错	10					
			工作不分主次，效率低，工作时有差错	0					
加减分项	投诉	内部投诉	凡因个人原因造成公司被投诉的，一次扣5分						
		外部投诉	出现任何第三方投诉，一次扣5分						

续表

类别	KPI 指标	详细描述	打分标准	目标分值/分	数据来源	自评20%	一级考核者60%	二级考核者20%	得分
加减分项	违纪	一般违纪行为	参见《奖惩管理制度》，一次扣5分						
		严重违纪行为	参见《奖惩管理制度》，一次扣10分						
	奖励	工作奖励	在工作中有突出表现或进行了额外的工作，可由直接上级根据实际情况酌情给予加分						
合计（最终得分 = 关键绩效考核指标得分 ×80% + 日常工作行为指标得分 ×20% + 加减分项）									

绩效分值/分	评级	绩效系数
分值≤59	D	0.0
60≤分值≤79	C	0.5
80≤分值≤99	B	0.8
100≤分值＜120	A	1.0
分值≥120	S	1.2

绩效工资标准	绩效得分	处罚扣分	奖励加分	综合得分	绩效评级	绩效系数	实发绩效工资

评语及建议（直接上级填写）	包括综合评价、培训提升、能力提高、问题改进等评价及建议（附《绩效面谈记录表》）： 签名：　　　　　　　　　日期：
晋升意见（直接上级填写）	依据本次评价，特决定该员工： [ ]转正：在_____任_____职 [ ]升职至_____ [ ]降职为_____ [ ]提薪/降薪为_____ [ ]辞退
员工签字	主管领导签字
人力资源总监签字	总经理签字

（5）短视频摄影师 KPI 绩效考核指标（表2-7）。

表 2-7　短视频摄影师 KPI 绩效考核指标

职位				短视频摄影师					
类别	KPI指标	详细描述	打分标准	目标分值/分	数据来源	自评20%	一级考核者60%	二级考核者20%	得分
关键绩效考核指标（80%）总分100分	拍摄视频通过率（20分）	以拍摄视频的通过比例为基准,考核拍摄人员的视频质量	根据上级及编导确定	20	运营中心				
				10					
				0					
	完播率（20分）	（完整看完视频的用户数量/看视频的用户总数量）×100%	≥50%	20	运营中心				
			50%＞…≥30%	15					
			30%＞…≥20%	10					
			＜20%	0					
	点赞率（20分）	（点赞量/播放量）×100%	≥5%	20	运营中心				
			5%＞…≥3%	15					
			3%＞…≥2%	10					
			＜2%	0					
	转发率（20分）	（转发量/播放量）×100%	≥5%	20	运营中心				
			5%＞…≥3%	15					
			3%＞…≥2%	10					
			＜2%	0					
	评论率（20分）	（评论量/视频播放量）×100%	≥1%	20	运营中心				
			1%＞…≥0.5%	15					
			0.5%＞…≥0.1%	10					
			＜0.1%	0					
日常工作行为指标（20%）总分100分	工作态度（40分）	责任心（20分）	积极主动,责任心强,能很好地完成任务	20					
			有责任心,可放心交付工作	15					
			尚有责任心,基本能完成工作	10					
			无责任心,上班时间常做与工作无关的事情	0					

续表

类别	KPI指标	详细描述	打分标准	目标分值/分	数据来源	自评20%	一级考核者60%	二级考核者20%	得分
日常工作行为指标（20%）总分100分	工作态度（40分）	勤奋度（20分）	对公司有信心，奉献在先，回报在后	20					
			以承担的工作和责任为重，而不仅仅视其为谋生手段	15					
			言行尚规范，无越轨行为	10					
			自我意识重，只讲获取，不讲奉献	0					
	工作能力（60分）	团队合作（20分）	善于团结合作，起带头作用，发挥中心优势	20					
			尚能与他人合作，保证中心完成任务	15					
			主动性不够，勉强配合领导和他人完成任务	10					
			难与他人合作，成为公司、中心的包袱	0					
		执行力（20分）	认真执行各项工作，理解力强，工作高效	20					
			执行交办的各项工作，有时提出合理化建议	15					
			执行力度一般，需督促	10					
			能力差，态度不积极	0					
		工作效率（20分）	完成工作速度快，质量高，无差错	20					
			能分清主次，按时按质完成任务，效果较好	15					
			需指导和督促下完成任务，工作时有差错	10					
			工作不分主次，效率低，工作时有差错	0					

续表

类别	KPI 指标	详细描述	打分标准	目标分值 / 分	数据来源	自评 20%	一级考核者 60%	二级考核者 20%	得分
加减分项	投诉	内部投诉	凡因个人原因造成公司被投诉的，一次扣 5 分						
		外部投诉	出现任何第三方投诉，一次扣 5 分						
	违纪	一般违纪行为	参见《奖惩管理制度》，一次扣 5 分						
		严重违纪行为	参见《奖惩管理制度》，一次扣 10 分						
	奖励	工作奖励	在工作中有突出表现或进行了额外的工作，可由直接上级根据实际情况酌情给予加分						

合计（最终得分 = 关键绩效考核指标得分 ×80% + 日常工作行为指标得分 ×20% + 加减分项）		
绩效分值 / 分	评级	绩效系数
分值 ≤ 59	D	0.0
60 ≤ 分值 ≤ 79	C	0.5
80 ≤ 分值 ≤ 99	B	0.8
100 ≤ 分值 < 120	A	1.0
分值 ≥ 120	S	1.2

绩效工资标准	绩效得分	处罚扣分	奖励加分	综合得分	绩效评级	绩效系数	实发绩效工资

评语及建议（直接上级填写）	包括综合评价、培训提升、能力提高、问题改进等评价及建议（附《绩效面谈记录表》）： 签名：　　　　　　　　　日期：
晋升意见（直接上级填写）	依据本次评价，特决定该员工： [ ]转正：在_____任_____职 [ ]升职至_____ [ ]降职为_____ [ ]提薪 / 降薪为_____ [ ]辞退

员工签字		主管领导签字	
人力资源总监签字		总经理签字	

（6）短视频剪辑师 KPI 绩效考核指标（表 2-8）。

表 2-8　短视频剪辑师 KPI 绩效考核指标

职位				短视频剪辑师				
类别	KPI 指标	详细描述	打分标准	目标分值/分	数据来源	自评 20%	直接上级 80%	得分
关键绩效考核指标（80%）总分100分	剪辑任务完成情况（20分）	月度剪辑达标视频数量	≥ 10	20	运营部			
			10 > … ≥ 8	15				
			8 > … ≥ 5	10				
			<5	0				
	视频剪辑质量（20分）	视频返修率应在合理范围内	视频自检互检后无技术性错误；无一般性技术错误（未能将视频语言表达清晰或较小的后期瑕疵）；无任何返工，直接出品成片	20	运营部			
			批产视频互检后无技术性错误；一般性技术错误自检后返工，不超过1次返工；互检无任何错误	10				
			批产视频互检后技术性错误不超过1次；一般性技术错误自检后返工不超过1次；互检返工不超过2次	0				
	完播率（20分）	（完整看完视频的用户数量/看视频的用户总数量）×100%	≥ 50%	20	运营部			
			50% > … ≥ 30%	15				
			30% > … ≥ 20%	10				
			< 20%	0				

续表

类别	KPI 指标	详细描述	打分标准	目标分值/分	数据来源	自评20%	直接上级80%	得分
关键绩效考核指标（80%）总分100分	点赞率（20分）	（点赞量/播放量）×100%	≥5%	20	运营部			
			5%＞…≥3%	15				
			3%＞…≥2%	10				
			＜2%	0				
	转发率（10分）	（转发量/播放量）×100%	≥5%	10	运营部			
			5%＞…≥3%	8				
			3%＞…≥2%	5				
			＜2%	0				
	评论率（10分）	（评论量/视频播放量）×100%	≥1%	10	运营部			
			1%≥0.5%	8				
			0.5%≥0.1%	5				
			＜0.1%	0				
日常工作行为指标（20%）总分100分	工作态度（40分）	责任心（20分）	积极主动，责任心强，能很好地完成任务	20				
			有责任心，可放心交付工作	15				
			尚有责任心，基本能完成工作	10				
			无责任心，上班时间常做与工作无关的事情	0				
		勤奋度（20分）	对公司有信心，奉献在先，回报在后	20				
			以承担的工作和责任为重，而不仅仅视其为谋生手段	15				
			言行尚规范，无越轨行为	10				
			自我意识重，只讲获取，不讲奉献	0				
	工作能力（60分）	团队合作（20分）	善于团结合作，起带头作用，发挥部门优势	20				
			尚能与他人合作，保证部门完成任务	15				

续表

类别	KPI 指标	详细描述	打分标准	目标 分值 /分	数据 来源	自评 20%	直接 上级 80%	得 分
日常 工作 行为 指标 （20%） 总分 100分	工作 能力 （60分）	团队合作 （20分）	主动性不够，勉强配合领导和他人完成任务	10				
			难与他人合作，成为公司、部门的包袱	0				
		执行力 （20分）	认真执行各项工作，理解力强，工作高效	20				
			执行交办的各项工作，有时提出合理化建议	15				
			执行力度一般，需督促	10				
			能力差，态度不积极	0				
		工作效率 （20分）	完成工作速度快，质量高，无差错	20				
			能分清主次，按时按质完成任务，效果较好	15				
			需在指导和督促下完成任务，工作时有差错	10				
			工作不分主次，效率低，工作时有差错	0				
加减 分项	投诉	内部投诉	凡因个人原因如工作不配合或其他原因造成公司其他人员投诉的，经查证属实一次扣5分					
		外部投诉	出现客户/商家/供应商等对服务及态度不满现象，一次扣5分					
	违纪	一般违纪行为	参见《奖惩管理制度》，一次扣5分					
		严重违纪行为	参见《奖惩管理制度》，一次扣10分					
	奖励	工作奖励	在工作中有突出表现或进行了额外工作，可由直接上级根据实际情况酌情给予加分					

合计（最终得分 = 关键绩效考核指标得分 ×80% + 日常工作行为指标得分 ×20% + 加减分项）							
绩效分值 / 分		评级				绩效系数	
分值 ≤ 59		D				0.0	
60 ≤ 分值 ≤ 79		C				0.5	
80 ≤ 分值 ≤ 99		B				0.8	
100 ≤ 分值 <120		A				1.0	
分值 ≥ 120		S				1.2	
绩效工资标准	绩效得分	处罚扣分	奖励加分	综合得分	绩效评级	绩效系数	实发绩效工资
评语及建议（直接上级填写）	包括综合评价、培训提升、能力提高、问题改进等评价及建议（附《绩效面谈记录表》）： 签名：　　　　　　　　　　　　日期：						
员工签字		主管领导签字					
人力资源总监签字		总经理签字					

课程思语

　　企业绩效管理的实施提高了员工工作积极性、责任感和紧迫感，促使员工达成预期目标，并在公司形成了"比、赶、超"的良好氛围。对于从业者来说，绩效管理的实施，也能提升团队的综合职业技能，培养团队合作精神和拼搏精神，以及承受巨大压力及风险挑战的心理素质。

第四节　运营团队风险防范

　　短视频行业的风险案中在视频产品、节目、资金、推广、数字版权管理、受众维护等领域，主要是行业合规风险、知识产权风险，另外就是与 MCN 机构签订的合同其权利和义务不对等。

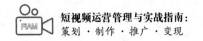

一、运营合规风险

短视频运营要依法进行，网络视听节目服务协会发布的《网络短视频平台管理规范》与《网络短视频内容审核标准细则》特别指出：开展短视频服务的网络平台及APP，应当持有"信息网络传播视听节目许可证"（AVSP）等法律法规规定的相关资质，并严格在许可证规定的业务范围内开展业务。

在微信小程序短视频上架的时候有一个证件必须上传，即"网络文化经营许可证"。目前比较知名的短视频平台像微视、梨视频、抖音、快手、微信视频等，都申请了"网络文化经营许可证"。

另外，需要注意办理ICP许可证（即向广大用户综合提供互联网信息业务和增值业务的电信运营商，其必须具备的证书即为ICP许可证），这是互联网资质"万金油"。"增值电信业务经营许可证"里面的互联网信息发布业务，就是我们通常所说的ICP许可证，是所有互联网资质里面的"万金油"角色，只要从事互联网经营的，不管是网站平台，还是移动互联网APP行业，均需要办理ICP许可证。

由于近年短视频行业的"野蛮生长"，部分机构并没有严格依法经营，但网络不是法外之地，创作者、运营团队须学习《网络犯罪治理防范白皮书》，并遵守各项法律法规。

二、知识产权侵权风险

短视频中常见的录音、录像、图像、音乐、字体、商标（Logo）、外观以及商标都属于不同的知识产权，受到《中华人民共和国著作权法》《中华人民共和国专利法》《中华人民共和国商标法》《中华人民共和国反不正当竞争法》的保护。

对于短视频运营来说，常见的知识产权侵权风险主要有以下几种。

1.侵犯他人电影或类电作品著作权的风险

短视频画面中如果有涉嫌截取来自电影、电视剧、动漫、音乐MV以及他人制作的视频内容的，在未经相关作品权利人授权的情况下，制作、发布和传播此类视频有可能侵犯原电影或类似作品著作权人的保护作品完整权、复制权、信息网络传播权以及改编权等著作权权项。

2. 侵犯他人音乐作品著作权的风险

短视频中选用的声音素材如果是再现原曲，就可能涉及原版音乐作品的著作权。有些短视频创作者还会直接使用原版音乐作品的词或在原版词的基础上稍加改动。在未经词曲权利人授权的情况下，制作、发布和传播此类含音乐短视频，有可能侵犯原音乐作品著作权人的保护作品完整权、复制权、信息网络传播权以及改编权等著作权权项。

3. 侵犯他人录音录像制作者权的风险

对于音乐和电影等作品而言，短视频使用的相关素材除了可能侵犯作者的著作权之外，还可能侵犯相关录音录像制品权利人的邻接权。

比如，有些短视频作者在音频制作过程中，还附带"扒取"了原版发行作品的和声，甚至直接使用公开发行的灌录版音源作为视频 BGM，此种行为可能侵犯录音制品权利人享有的复制权和信息网络传播权。

4. 侵犯他人表演者权的风险

根据《中华人民共和国著作权法》第三十八条第一款第（六）项的规定，表演者对其表演享有许可他人通过信息网络向公众传播其表演，并获得报酬的权利。当短视频的作者选取真人表演片段制作视频时，此等使用行为可能侵犯表演者享有的表演权。

5. 侵犯他人肖像权或名誉权的风险

前述内容分析了短视频的著作权侵权风险，实际上，在现实中由短视频引发最多的是肖像权和名誉权纠纷。大量短视频均涉及使用包含演员或名人肖像的剧照、剧集片段、影片片段、演出视频等内容，在司法实践中，"肖像"通常专指由自然人的五官构成的面部特征。影视剧中的人物虽然在服装、造型、妆容等方面和演员本人的日常状态存在一定差异，但是仍展示了演员的面部特征，可以认定为演员的肖像。

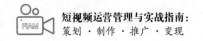

6. 侵犯他人字体著作权的风险

字体侵权也可能引起法律纠纷，字体是文字的一种表现方式，以工具性为主，我国独特的汉字文化传统和现实创新发展需求，必然需要特殊的保护制度，也使我国相关的保护制度与其他国家不具可比性。

7. 侵犯他人商标的风险

商标指的是商品的生产者或者是服务的提供者，为了使自己的商品或者服务区别于他人，在商品包装或服务标记上用图形、文字或者颜色组合而成的一种可视性标志。对于商标权而言，未经权利人的许可，商品的生产者不能在同种或者类似商品中使用与该注册商标相同或相似的商标，一旦违反规定，必将承担侵权的法律后果。

8. 侵犯他人图像或者外观专利权的风险

不少博主看到某些图片或者是商标（Logo）有创意，未经所有人许可就直接使用，这就涉嫌侵害他人的外观专利或者是著作权。

即学即练 提问：短视频制作时要注意哪些内容的知识产权问题？

 **知识拓展**

短视频著作权侵权的表现

短视频属于著作权法意义上的作品，应受法律保护。这类短视频的著作权侵权风险，主要表现为抄、拆、剪、编、搬、配。

1. 抄

即抄袭模仿他人短视频。短视频行业内将抄袭模仿他人短视频的行为称为"拆片"，由于借鉴与抄袭的界限十分模糊，受个人主观因素的影响极大，使得短视频雷同现象突出。即便在后短视频制作者在人物造型、场景等细节部分进行改编，形成了新的短视频，仍有可能会被认为超越了合理借鉴的边界，构成对在先短视频的改编，因而侵害了在先著作权人的改编权。

2. 拆

主要是"长拆短"，即未经许可将他人的视频作品拆分为若干片段，并将拆分后的作品片段另起一个标题后发布，这是目前短视频领域内占比较高的侵权形式。例如，电影《芳华》，在影院上映的同时，某平台上就出现了近50个与其相关的短片，其中有一些镜头明显是在电影院里偷拍的。这种行为明显侵犯了他人的信息网络传播权。

3. 剪

主要是指视频剪辑，即对他人拍摄的视听作品中的重要素材进行剪辑、组合，并加上自己的简短解说、点评，由此形成影视解说或评论视频。这种方式与之前的"拆"相比，增加了制作者对于视听作品的见解、评论及其对于视听作品核心内容的选择、剪辑，体现出一定的创造性。但应注意到，著作权法第二十四条第一款第二项明确规定，"引用"必须"适当"，引用行为不得影响该作品的正常使用，也不得不合理地损害著作权人的合法权益，否则，投入大量人力、物力和财力打造的视听作品会沦为"免费午餐"，这无疑严重损害视听作品特别是影视作品制作者的利益。因此，这种短视频创作及推广行为，有可能被认定为"非适当引用"而构成著作权侵权。

4. 编

主要指视频混编，即将他人制作的多个视频文本根据一定的关系组合成完整视频的类型，最为常见的是明星混编、电影混编、情节混编。这种方式与"剪"的最大区别在于，其不是从一部影视作品中提取素材，而是从多部视听作品中提取相应素材。该类短视频同样面临着如何适用著作权法第二十四条第一款第二项的问题，特别是如何在该类短视频中指明作者姓名或者名称、作品名称，是很多创作者容易忽略的问题。

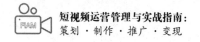
5. 搬

主要指搬运他人短视频作品，即直接将他人创作的短视频运用各种手段进行复制、转载，从一个平台搬运至另一个平台，或将他人短视频完整地嵌套进另一个视频中的行为。此类侵权行为非常容易实现，甚至部分用户直接冒用他人名义发布短视频以吸引"粉丝"和流量。

6. 配

主要指视频的配乐、配音，包括背景音乐、翻唱歌曲和配音三个方面。如今，多数短视频平台会提供添加背景音乐的功能，但也会发生未经许可提供背景音乐的情况，如一些短视频制作者热衷于拍摄自己翻唱热门歌曲的视频，并上传至短视频平台。根据《信息网络传播权保护条例》第二条，如果制作者使用的是平台及其个人均未获得权利人授权的歌曲，则该用户构成著作权侵权，权利人有权要求其承担停止侵害、消除影响、赔礼道歉、赔偿损失等民事责任。

三、侵权风险防范措施

为避免在无意之中侵犯他人著作权，短视频制作者应当从如图 2-7 所示的几个方面来进行风险防范。

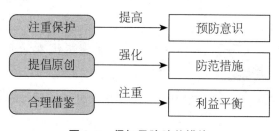

图 2-7　侵权风险防范措施

1. 注重保护，提高预防意识

短视频制作者应当深刻理解"合理使用"的含义及其边界，在创作短视频时，要时刻注意避免侵犯他人合法权益。著作权法第二十四条对"合理使用"进行了具体规定，在司法实践中，"合理使用"只能在特殊情形下才能适用。因此，必须坚持与原作品正常利用不相冲突、对原作品著作权人合法利益没有损害这两个前提，且应当指明作者姓名或者名称、作品名称。

2. 提倡原创，强化防范措施

进入数字时代以来，数字化作品的复制和传播更加便利且迅速，管理部门难以对其内容进行事先监管，而依靠法律进行事后救济又很难适应现阶段保护权利人合法利益的诉求，这就需要在鼓励短视频制作者坚持原创、避免侵权的同时，加大引导，激励更多用户创作出健康优质的视频内容。同时，制作者和平台还应当通过技术性手段对短视频作品进行保护，对潜在的侵权行为进行防范，如添加水印、警示信息等，告知他人短视频作者、平台等相关信息，为短视频授权使用创造条件的同时提高侵权难度，增强法律威慑力。

3. 合理借鉴，注重利益平衡

他山之石，可以攻玉。国内可以合理借鉴国外一些平台的经验，为国内短视频产业的发展创造条件。同时，也应当考虑到短视频作品非商业性质的转载在客观上增强了著作权人、作品的影响力，广泛传播了著作权人的想法、观点，对于短视频平台的社交性与开放性而言，符合著作权人本身的心理预期，所以应当注重平衡短视频制作者、分享者、平台、用户之间的利益，既要保护短视频制作者的利益，又要促进短视频行业的发展，更要满足用户的需求。

四、团队运营风险规避

1. 信息认证

由于账号身份认证、手机号绑定等可以表明账号是属于团队还是个人，因此，信息认证必须由可信之人去办理，其的目的是避免账号管理人员辞职之后，连同账号一起带走，让公司遭受巨大的损失。

2. 出镜人工作单一

保证出镜人工作的单一性，避免其"总揽大局"。只让出镜人负责某一项工作，不让其接触短视频的多个领域，以免其样样精通，在一定程度上可以打消出镜人另起炉灶的想法。

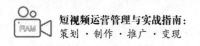

3. 签订协议

与短视频参与者，尤其是短视频的出镜人签订竞业禁止协议，确保其辞职后也不从事相同范围的工作。这样既有了法律的保障，也能有效规避短视频运营中的风险。

4. 多个出镜人

按道理来说，公司应该定期更换出镜人，避免给出镜人太高的热度，但是出镜人也代表着公司，频繁换出镜人会造成用户的不信任，也难以为账号人设做出贡献。因此，减少出镜人的更换，由单个出镜人变为多个出镜人，既能把热度分散给不同的人，也方便为账号打造人设。

课程思语

短视频创作者需要具备法律常识，要熟知各平台规则，要考虑短视频产品、节目、资金、推广、数字版权管理、受众维护等领域服务方面的规范要求，谨防行为不当，产生违规和侵权等行为。

即学即练 **判断：短视频公司不需要和短视频参与者签订竞业禁止协议。**

第三章

精准定位，打造你的专属短视频账号

▶ 知识目标

1. 掌握短视频账号运营定位的法则。
2. 知道短视频账号主页设置四要素内容。
3. 了解短视频账号内容创作切入点和选题要点。
4. 知道短视频企业号设置要点。

▶ 技能目标

1. 清晰描述账号品类、内容和风格的定位。
2. 准确设置与短视频定位一致的账号主页。
3. 策划与短视频定位一致的内容，并建立选题库。
4. 运用短视频创意方法，保证内容持续输出。

▶ 课程目标

培养以用户为中心的互联网思维，培养义行天下、义利并举的商业伦理观，鼓励读者的创新意识和思维，勇于探索、敢为人先的改革意识。

学习引导

第三章 精准定位，打造你的专属短视频账号

第一节 账号运营策划（基础）

会策划
- 一、账号运营定位
- 二、账号运营规划
- 三、账号主页设置

第二节 内容运营策划（重点）

能运营
- 一、内容创作的切入点
- 二、选题策划
- 三、内容创意方法
- 四、内容结构设计

第三节 企业号运营策划（难点）

知方法
- 一、企业号定位
- 二、企业号主页装饰　知识拓展　抖音企业号简介使用规范
- 三、企业号内容策划
- 四、企业号"粉丝"积累
- 五、企业号用户经营
- 六、企业号经营转化　知识拓展　抖音企业号运营的技巧

案例导入

快乐的校园生活　让我们一起记录点点滴滴

校园生活是美好的，大家可以无忧无虑地在校园里学习，在校园里玩耍，每天校园里都荡漾着同学们的欢声笑语。校园就像我们的第二个家，老师、同学就像是我们的亲人，我们在校园中挥洒汗水，快乐奔跑，留下一段段弥足珍贵的回忆。

清晨，晨雾弥漫的校园，校园里一切看起来都那么自然、清新，有种说不出的清爽，道不尽的畅快。午后阳光温暖地照着校园，悄悄地留下它的足迹，和那令人舒心的气息，校园的大树笔直地耸立着，高处的枝叶被吹得"沙沙"作响。黄昏漫步在校园，映入眼帘的是嫩绿的树叶与红彤彤的花瓣，这一切令人赏心悦目、心旷神怡。

随着短视频平台的快速发展，越来越多的学校开设了自己的官方账号，在账号中发布信息，传递新鲜事，将新时代大学生的生活展现在镜头下。"太原理工大学"官方抖音账号就能带我们一起去了解这所有120多年历史的高校。

思考：

1. 结合所学知识，思考一下"太原理工大学"官方抖音账号是如何定位的。

2. 浏览"太原理工大学"官方抖音账号主页，思考其账号名称、头像、背景图、个性签名具有什么特点？

3. 观看"太原理工大学"官方抖音账号最新一期作品，并分析该内容想传达的思想。

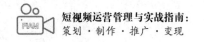

第一节　账号运营策划

短视频创作者要想在激烈的市场竞争中获得一席之地，就必须做好前期规划，全面布局账号运营。创作者只有做出合理的规划，才能确保正确的创作方向，打造出优质的短视频作品，从而提升自身的核心竞争力。

一、账号运营定位

从注册短视频账号开始，不管是自媒体还是企业号，创作者首先要做的是账号定位。账号定位关系着账号的"涨粉"速度、变现方式、引流效果，同时也决定了短视频的内容布局和账号布局。

在算法推荐时代，我们的账号定位越精准、越垂直，那么获得的精准流量就越多，也就能让更多精准用户看到自己的视频。那么，一个账号该如何定位呢？它需要遵守如图 3-1 所示的三大法则。

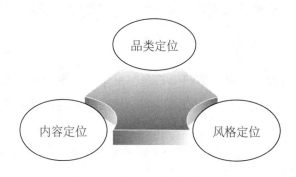

图 3-1　账号运营定位的法则

1. 品类定位

账号领域一般决定着短视频的内容走向，影响着后续短视频的播放量与变现能力。某种程度上说，账号领域选得好，就成功了一半。但是，对不少短视频运营者来说，选对账号领域并不是一件容易的事情。若运营者选择热门领域，比如娱乐、情感、美妆、汽车等，往往会因为该领域已经有很多成熟的、优质的短视频账号而难以形成竞争优势；相反，如果运营者选择冷门的账号领域，可能又会面临受众少、内容冷门而难以打开的局面。刚开始做短视频运营的运营者在选择账号领域时，要首选自己擅长、有经验、有资源的领域，这样更容易成功。比如，短视频运营者擅长美妆，可选择入驻美妆领域；美食商家可以入驻美食领域。

品类可大可小，但是要具体，比如你想卖服装，账号不仅要定位为"服装"，更要具体定位到男装还是女装，什么年龄段的，总之要做到精准定位。

我们可以选择一个领域，但不能在每个领域都涉足。今天做美食，明天做健康，容易导致定位混乱。我们要做的是，当用户提到"美食"时，就能想起来你的账号，这样才是一个成功的品类定位。

2. 内容定位

品类定位选好后就是内容定位了，内容定位很重要，不是随手一拍，配个音乐上传就可以了，一个账号只有内容没有定位是不行的。

所谓内容定位，就是要清楚给观众输出什么内容，传递什么价值。

比如，有一些博主做好物推荐或者生活小技巧的分享，相对应的群体有这方面的需求就会关注你，这也就体现了你这个账号的价值。

我们做短视频最重要的是向观众传递价值。只有当观众看到你的内容，觉得对他们有用的时候，才会关注你的账号，成为你的"粉丝"。靠内容涨上来的"粉丝"，都是对你分享的内容感兴趣的群体，这样定位会更加精准，更加可靠。内容是我们"涨粉"的核心，也是我们获得平台流量的核心。

因此，在做内容定位的过程中我们应遵守如图3-2所示的三个原则。

有价值的内容才会吸引用户去看，有价值的账号用户才会关注。短视频能够带货的核心无非是货品便宜、实用、有趣、好看。因此要清楚我们的内容或者商品能为用户带来哪种价值，比如为口红带货时，如果在文案及视频中展示该款口红持久不脱妆的妆效，一定能触及大多数女生的"痛点"，从而激发观众的购物欲

图 3-2

71

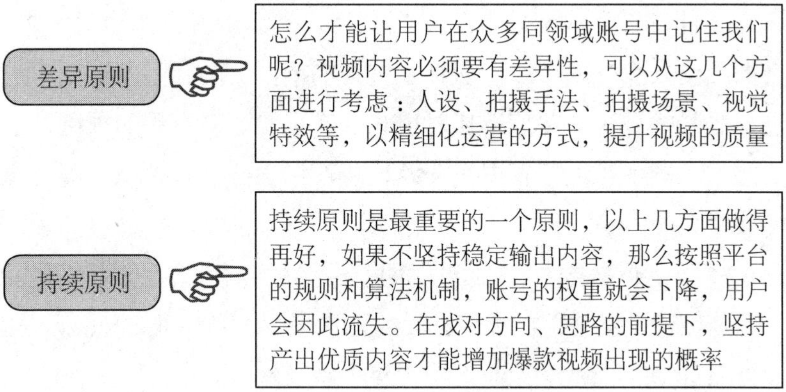

差异原则 ☞ 怎么才能让用户在众多同领域账号中记住我们呢？视频内容必须要有差异性，可以从这几个方面进行考虑：人设、拍摄手法、拍摄场景、视觉特效等，以精细化运营的方式，提升视频的质量

持续原则 ☞ 持续原则是最重要的一个原则，以上几方面做得再好，如果不坚持稳定输出内容，那么按照平台的规则和算法机制，账号的权重就会下降，用户会因此流失。在找对方向、思路的前提下，坚持产出优质内容才能增加爆款视频出现的概率

图 3-2　内容定位应遵守的原则

课程思语　　　要以用户为中心的互联网思维开展短视频账号定位，根据"粉丝"人群画像，分析用户的需求，了解用户需要什么，而不是你能提供什么，并思考策划什么样的短视频内容能解决用户的"痛点"，满足用户的"爽点"，实现用户的"痒点"。

3. 风格定位

风格定位是指你选择某种表达方式，并长期坚持而形成的消费者印象。你可以真人出镜，也可以戴个面具，或者只是以图片的形式表现，这都是可以的，重要的是你要形成自己的风格，让观众一眼看过去就知道这是你的账号。

选择自己喜欢的表达方式，在画面的呈现上与众不同，并坚持下来，这将会形成你自己的鲜明的风格定位。

即学即练　**判断：账号领域一般决定着短视频的内容走向，影响着后续短视频的播放量与变现能力。**

二、账号运营规划

短视频创作者要想成功打造短视频账号，实现曝光、变现的目标，必须要将短视频账号当作一个内容产品进行运营规划。

以抖音为例，短视频创作者要以内容为核心，做好账号在初始期、发展期、平稳期的阶段性运营规划。

1.账号初始期

账号运营初始期，刚入局短视频或者说短视频定位不明确的账号都有一个共同点，就是其创作的短视频内容输出繁杂、流量少、播放量低下且账号没有固定"粉丝"群体。这一阶段的运营重点如图 3-3 所示。

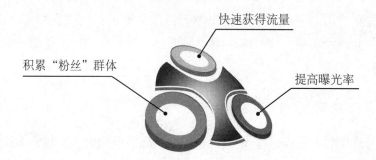

图 3-3　账号初始期的运营重点

想要解决这一阶段的运营问题，则需要使用一些引流的运营技巧。

比如，可以根据账号定位塑造合适的 IP 人设，给自己的账号打上标签，这样便于后续发布作品时，系统将视频内容推荐给潜在的精准用户，从而提高账号的曝光量。此外，在账号内容上可以选择热点话题、普适性话题以及一些争议性话题。

短视频创作者只要按照一定的引流技巧运营一段时间，账号就会逐渐进入发展期。

2.账号发展期

账号运营发展期，已经入局很久、对自身创作方向定位准确的账号，此类账号的特点是短视频内容输出稳定且较为单一、流量和曝光度稳定、播放量稳

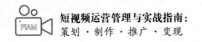
定。这一阶段的运营重点如图 3-4 所示。

图 3-4　账号发展期的运营重点

在账号发展期，创作者很有可能会获得系统的流量推荐，从而打造出几个爆款视频，短时间可吸引大量用户关注。因此，就更需要持续输出优质内容，才能实现长久发展。对此，短视频创作者可以定期进行用户反馈和活动策划，增强和用户之间的联系。只有抓住用户需求，不断为用户提供价值，账号才能顺利过渡到平稳期。

3. 账号平稳期

账号运营平稳期，账号运营者能够熟练把握短视频内容的输出方向，同时能与用户保持一种互动关系。这一阶段的运营重点如图 3-5 所示。

图 3-5　账号平稳期的运营重点

提问：在账号阶段性运营的初始期主要考虑哪些问题？

三、账号主页设置

短视频的内容固然重要，但短视频账号的设置也不能忽视，因为短视频账号主页的设置在很大程度上影响着用户的关注、点赞、转发和评论等行为。短视频账号主页的设置包括账号名称、账号头像、账号背景图、账号个性化签名等方面。

1.账号名称

（1）账号起名的标准。

在这个信息爆炸时代，消费者的注意力被无限瓜分，辨识度成了短视频平台命名的首要因素。在快速划过的手机屏上，让人一眼记住的名字才有被关注的希望。

那么，如何起账号名称才能让用户记住和关注呢？记住如图3-6所示的三个标准。

图3-6　账号起名的标准

（2）账号起名的方法。

账号起名的方法主要有以下几种。

① 用真名或者网名。用真名或者网名打造人设，让别人一想到这个名字就想起账号。这种类型的账号名称比较适合歌手、演员、名人等，因为他们自身就具有一定的知名度，用自己的真名更有利于被用户发现。

小提示

用真名或网名做账号名称时，应注意要尽可能选择重名率较小的名字。如果与我们的账号重名的很多，别人一搜名称出来很多重名的，则很难让我们的账号与别人的账号区分开来。

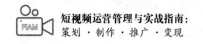

② 名字＋专业领域。假设我们的账号定位是美食领域，可以按"自己名字＋美食范围"来命名。

比如，看到"鑫妈家常菜"这个账号名称，用户大致就知道账号输出的主要内容是关于家常菜做法分享，以及一些厨房常识分享。

③ 产品／品牌＋昵称。用产品或品牌＋昵称起名可以增强品牌的曝光量，这种名称类型也是比较常见的。

比如，"左先生·婚礼宴会设计"，就能让用户直观地了解到账号与婚礼宴会设计相关。

④ 名字＋职业。这类账号名称比较适合知识输出类账号。

比如，用户看到账号"薄世宁医生"，就能清楚账号的定位，那么账号的内容输出大概是医学科普或者医生的工作日常。

⑤ 小众领域＋名字。小众领域可以分为电影解说、书籍解说、动漫混剪等。

比如，用户看到"阿火说电影"，根据名称就可以判断出账号定位是关于电影解说的。

需要注意账号输出的内容要与名称领域相关，不能名称是书籍解读，发布的视频内容却是动漫混剪。账号名称与视频内容对不上，会让用户一头雾水，不知道账号到底是干什么的。

小提示

　　账号名称要注意尽可能简单好记，不要出现一些生僻字词，别人都看不懂你的名字，更别说记住账号了。

（3）账号起名的关键点。

创作者在给账号起名时，应注意以下三个关键点。

① 表明立意，即"我是谁，我干什么"。昵称主要表达的有两件事："是谁""做什么的"。取一个昵称的目的是能让用户一眼就明白账号的定位，直接降低沟通成本，不要让用户因不理解昵称意思而打消用户关注此账号的积极性。

② 植入相契合的关键词。取昵称其实就是在变相地植入关键词。首先明确账号的定位，想清楚自己要表达哪一方面的内容，然后在昵称中加入贴合的内

容关键词。

③ 规划一个方向，切勿频繁地更换昵称。一旦账号有了精准的定位，确定好固定的昵称以后，创作者就需要尽全力制作符合此昵称的视频，争取在一个方向上越走越远。那么，自然而然就引出了取昵称的第三个关键点，切勿频繁地更换昵称。因为，当账号以某个昵称发布了内容，经过一段时间就会产生一定的用户群体。但还有个别用户处在摇摆不定的状态，在账号发布视频时会看，但不会选择关注。如果账号不断地更换昵称，必然会遗失掉这部分人，从而影响后续的联动发展。

2. 账号头像

头像往往是识别短视频账号的一个重要标准，很多"粉丝"关注短视频的时候，其实头像也是有着一些影响的。那么，我们做短视频的话，究竟应该如何选取头像，才能吸引到"粉丝"呢？可参考如图 3-7 所示的几种方式。

图 3-7　账号头像设置的方式

（1）使用真人头像。

真人头像比较适合有真人出镜的短视频，而且当用户看到真人头像的时候，也会觉得更亲切一些，从而吸引用户点入账号，尤其真人头像是美女、帅哥，则更容易吸引观众点进短视频主页，如果主页内容还不错的话，就会引发关注了。

（2）使用图文 Logo。

主要适用于一些品牌方用 Logo 作为头像，直观形象，而且也能强化自身的品牌形象。

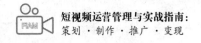
（3）使用动画角色。

比较适合没有真人出镜，但是内容有动画主角的短视频。

比如，动画小和尚、小猪等，都是短视频主角，当用它们作为头像的时候，用户立刻就能知道短视频账号的定位是什么。

（4）使用账号名。

如果企业的品牌商标没有那么众所周知，也可以用账号名做头像，商标和名字两者可以结合，尽可能帮助浏览者认识并记住企业。

一般这种头像都比较简洁，但要注重一些设计感，毕竟头像本身就是账号名称，如果只是黑色大字摆在那里，是无法吸引用户的。简单的可以使用与背景色对比强烈的颜色，复杂的则可以将账号名称用艺术字体表现一下。

（5）使用卡通头像。

如果实在不知道应该用什么做头像的话，那么使用卡通头像也是一个不错的选择。

比如，可以选择一个搞怪的卡通头像，然后在做短视频内容的时候，加上搞笑配音，如此，一个搞怪的人设就立起来了。

3.账号背景图

背景图是用户在点开短视频账号页面时会出现的一张图片。主页背景图作为用户点进主页最抢眼的部分，它的功能在于引导关注，深化用户对知识产权的认知印象。所以，短视频运营者可以应用具有特色的图案或有趣的话语为用户提供心理暗示。

比如，"差一点，我们就擦肩而过了！""点这里！就差你一个关注了！"等。

此外，背景图的颜色应该与头像颜色相呼应，与账号主体是统一的风格，同时背景图还要美观且有辨识度。

比如，"软软大测评"的背景图设计就非常好。首先背景图的颜色与账号颜色是相呼应的，背景图上萌萌的化学试剂的卡通图与账号头像的卡通图也是相呼应的。另外，背景图上的文字"点赞评论加转发，软软让你乐哈哈""关注一下吧"则是引导用户关注的。可以说，"软软大测评"的背景图是一个标准的模板了。

　　背景图会被自动压缩，只有下拉时才能看到下面的部分内容。所以，最好把想要表达的信息留在背景图中央偏上的位置。

4. 账号个性化签名

一个完整的短视频账号除了设计账号名字、头像和背景图外，还有很重要的一点是个性化签名。个性化签名一般能够向用户传递你能为他提供什么，也能让用户看到你的个性所在。尤其当用户不是非常熟悉你的短视频内容时，精准的个性化签名不仅可以准确地让用户知道你的定位是什么，即你能提供的内容是不是用户需要的或感兴趣的，还可以让用户知道你的态度和理念是什么。所以，短视频运营者也要注重个性化签名设计，根据你的定位设计个性化签名，突出 2 ~ 3 个特点，用一句话表述清楚即可。

一般有如图 3-8 所示的三种形式。

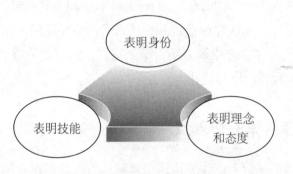

图 3-8　账号个性化签名的形式

（1）表明身份。

即用一句话向用户介绍自己的身份，一般的句式是形容词 + 名词。

比如，"papi 酱"的个性签名是"一个集美貌与才华于一身的女子"。"刘老师说电影"的个性签名是"我是知识嗷嗷丰富，嗓音贼啦炫酷，光一个背影往那一杵就能吸引粉丝无数的刘老师"，一句话向用户传递了短视频博主的形象。

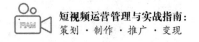
（2）表明技能。

用一句话表明自己在入驻领域能够输出的内容和技能是什么，能够给用户带来什么。

比如，"秋叶Excel"的个性签名是"关注我，Excel边玩边学，还能获取海量办公神器！"

（3）表明理念和态度。

这种个性化签名常以金句或用心的句子表现出来，展示自己的内心态度和理念。

比如，"一条"的个性签名是"所有未在美中度过的生活，都是被浪费了。"

值得强调的是，很多短视频运营者会选择多平台建立短视频账号矩阵，为了能够扩大账号在各大平台上的影响力和帮助用户迅速识别你的短视频账号，短视频账号一经确定后，就要在各个短视频平台上保持一致，不要随意更改，以免影响用户和"粉丝"对账号的识别和认知。

第二节　内容运营策划

在这个"内容为王"的时代，短视频的内容策划是决定短视频账号运营成败的关键因素之一。短视频创作者要想让自己的短视频脱颖而出，就要策划好短视频的选题和内容，选题要新颖、贴近用户，内容要能够满足用户的需求，同时要设计好短视频的内容结构。

一、内容创作的切入点

不管是在哪个平台上创作与运营短视频，短视频创作者都要找到适合自己的内容创作切入点，也就是找到正确的创作方向，找到适合自身的创作之路。因此，我们可从如图3-9所示的几个维度来进行考虑。

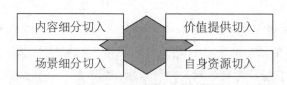

图3-9　内容创作的切入点

1. 内容细分切入

所谓内容细分，其实就是找到自己擅长而且容易吸引"粉丝"的领域，比如二次元、化妆、护肤、服装搭配、影视解说等。只有找到自己擅长的领域，才有动力做下去，而该领域又不能太过于冷门，否则没有"粉丝"观看，做了也是白做。

我们在做内容细分的时候，应把握如图3-10所示的两个关键点。

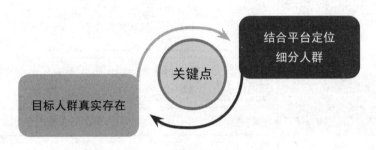

图 3-10　内容细分切入的关键点

2. 场景细分切入

短视频场景是指展开剧情单元场次的特定空间环境。我们可以从如图3-11所示的几个主要场景来策划短视频的内容。

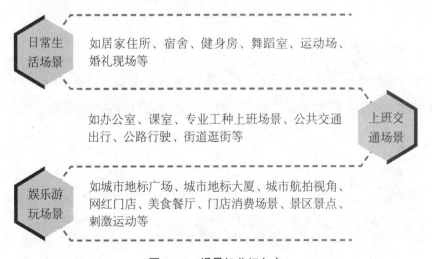

图 3-11　场景细分切入点

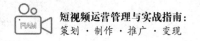
3.价值提供切入

做短视频一定要输出有价值的内容，这也是运营短视频的根本所在。如果总是输出没有价值的短视频内容，不仅没有人喜欢看，而且平台也不愿意给流量。因此，我们在做短视频内容策划时，也可以从短视频内容所能提供的价值来切入，具体要点如图3-12所示。

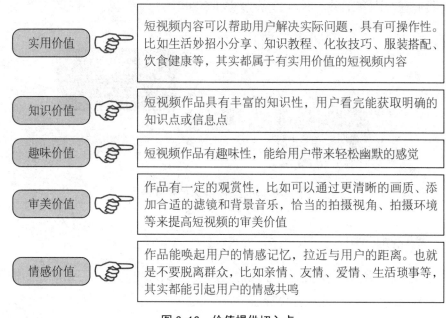

图 3-12　价值提供切入点

4.自身资源切入

找短视频的切入点，我们还应该结合一下自身资源，如果利用自己已有的资源来做短视频，那么无疑是事半功倍的，而且也可以以自身资源作为短视频的发展第一步。

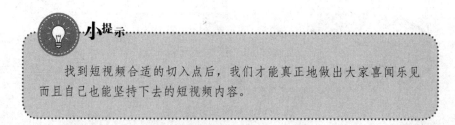

小提示

　　找到短视频合适的切入点后，我们才能真正地做出大家喜闻乐见而且自己也能坚持下去的短视频内容。

二、选题策划

在短视频创作中，选题意味着创作的方向，代表着对外传递的观点与立场。要想创作出爆款短视频，选题是关键。选题不能脱离用户，只有保证短视频主题鲜明，为用户提供有用、有趣的信息，才能吸引用户关注。

1. 短视频选题应遵循的原则

短视频选题应遵循如图 3-13 所示的四个原则。

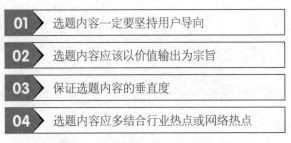

图 3-13 短视频选题应遵循的原则

（1）选题内容一定要坚持用户导向。

选题内容要"接地气"，贴近用户，以用户需求为目标，千万不能脱离用户。换句话说，我们在做选题时应该优先考虑用户的需求和喜爱度，这也是保证我们视频播放量的重要因素，往往越是贴近用户，"粉丝"的内容越是能够得到他们的认可，触发视频的完播率。

（2）选题内容应该以价值输出为宗旨。

对于内容，要输出有价值的"干货"，我们做短视频节目输出的内容，一定是对大众有益的。也就是说我们尽量选择有价值的"干货"内容。"干货"内容的一大特色就是会直接触发用户收藏、点赞、评论、转发等行为，帮助我们传播内容，从而达到裂变传播的效果。

（3）保证选题内容的垂直度。

垂直内容才能吸引精准"粉丝"，提高我们在专业领域的影响力。做短视频，定位好领域之后不要轻易更改，否则打造的短视频账号垂直度不高，内容选题比较杂，用户也就不精准，应在某一个领域内长期地输出内容，这样更容易占领头部的流量。

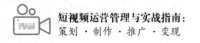
（4）选题内容应多结合行业热点或网络热点。

网络热点跟得紧，可以在短时间内得到大量的流量曝光，对提升视频播放量和吸引"粉丝"有非常重要的影响。我们在策划选题时除了关注常规选题，还要提升新闻敏感度，善于捕捉热点。

即学即练 提问：短视频选题应遵循哪些原则？

2. 短视频选题的维度

做短视频选题的时候需要考虑到如图 3-14 所示的五个维度。

图 3-14 短视频选题的维度

（1）频率。

选题的内容，应是目标用户、"粉丝"群体的大众话题，只有用户、"粉丝"的高频关注选题，才能引发更多播放量。

（2）难易。

创作者应该考虑选题后的制作难易程度，自己或团队的创作能力是否能够支撑起选题背后的内容生产和内容运营，选题、内容、形式都是要考虑的因素，因为用户、"粉丝"对内容质量的要求已经越来越高了。

（3）差异。

无论是哪一种类别的选题或者哪一种话题，在短视频领域都有着不少的竞品账号，可以说是红海一片，甚至一些垂直细分领域已经有了头部大号，此时还需要考虑到我们和竞品账号的差异化，以增加用户、"粉丝"的识别度。

（4）视角。

选题的视角关系到给用户、"粉丝"带来的感受，例如，是站在用户、"粉丝"的第一视角的运动员角色，还是站在第二视角的裁判角色，又或是站在第三视角的观众席角色？在不同的选题上也需要根据实际情况来变换。

（5）行动成本。

主要是针对用户、"粉丝"在获取选题内容之后的动作，选题内容是否能够让用户、"粉丝"一看就知道，一学就能会，只有真正满足用户、"粉丝"的需求和痛点，才能触发用户、"粉丝"的更多动作。

3. 建立选题库

创作者建立选题库可以更好地持续生产内容，选题库分为如表 3-1 所示的两类。

表 3-1　选题库的分类

序号	分类	具体说明
1	爆款选题库	关注各大热播榜单，比如抖音热搜、微博热搜、头条指数、百度指数，以及三方平台的各类热度榜单，掌握热点话题，熟悉热门内容，选择合适的角度进行选题创作和内容生产，热度越高的内容选题，越容易引起用户的观看兴趣
2	常规选题库	日积月累很重要，不管是对身边的人、事、物，还是每天接收到的外部信息，都可以通过价值筛选整理到自己的常规选题库中，还可以通过专业和资源进行筛选后整理到选题库中

4. 日常选题的来源

日常选题的来源主要体现在图 3-15 所示的几个方面。

来源一	参考同领域的作品

每个人都有自己的发光点，只要是同一领域，就总有人做得好，因此，可以向同行学习

来源二	多看评论

内容发布后，浏览下面的评论及留言也会获得一些灵感，能够知道用户喜欢什么，更想看什么，这对接下来的视频内容选择是比较有意义的

来源三	结合热点

时下，热点总是被大众所关注。如果在拍摄短视频的时候，能够结合时下的热点，进行二次创作，那么吸引"粉丝"观看就变成了很容易的事情。但是，采用这种方式进行创意视频制作的话，需要把握好度，不要因为过于夸张引起观众的反感

来源四	分析竞争对手的爆款选题

要关注竞争对手最近一段时间发布的内容，将其作为选取素材的参考依据。关注竞争对手发布的内容，是为了找到创作方向，但不能照搬照抄

图 3-15　日常选题的来源

5. 短视频选题的注意事项

（1）远离敏感词汇。

短视频平台都有一些敏感词汇的限制，比如一段视频在某一个平台有很高的播放量，换到另一个平台则播放量不高。多去关注各平台的动态，了解平台官方发布的一些通知，也可以进行初步的选题内容敏感词汇筛选，避免出现违规封号、封禁的情况。

（2）避免盲目蹭热点。

很多热点内容会涉及一些新闻时事、政策法规等，这些热点内容可能涉及敏感话题，如果观点内容尺度把握不好，不但不会带来流量，甚至可能会带来违规封禁、封号的风险。

课程思语

　　短视频蹭热点是比较常见的一种吸引用户的方法，热点蹭对了，曝光量会大大提升，效果非常显著。但在利益面前我们要坚持义行天下、义利并举的商业伦理观，应思考什么热点适合蹭、怎么蹭。

　　（3）标题描述要合理。

　　标题字数要适中，对于有些平台，标题超过一定字数后，就会被自动折叠隐藏起来。格式要标准，数字用阿拉伯数字，尽量用中文表述，避免生僻字和网络词汇，以便机器算法获取、识别。句式要合理，很多短视频平台，一般会要求标题为三段式结构，应表述清晰，避免出现夸大性词组。

　　（4）活动选题库。

　　节日类活动选题，可以提前布局，比如中秋、国庆、春节等大众关心的节日。另外一个活动选题来源各短视频平台，平台官方会不定期地推出一系列话题活动，比如习惯的国风力量、大鱼的夸克知识等，创作者根据自身的情况参与平台话题活动，可以得到流量扶持和现金奖励。

三、内容创意方法

即学即练　短视频内容创意及结构设计有哪些？

....

....

　　对于短视频来说，如果内容缺乏创意，那么整个文案只会成为广告的附属品，因此，我们在策划视频内容时，一定要注重短视频内容的创意性。

1. 模仿法

　　即模仿当下"最火"的视频，通过翻拍、使用原声或同款 BGM、积极参与挑战赛等方式来进行内容创作。在制作过程中基于自己账号的情况展现个人

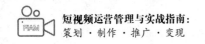
特色，突出个人特点，能让视频制作更具亮点。如果原视频仍处于热度期，模仿视频就会取得较好的效果，从而得到更多的曝光。

2. 二次创作法

即根据热搜、新闻以及知名影视剧等，进行发散创作。相比起简单的模仿，这样的创作形式更深入，且能很好地挂钩热点，赢得流量。

> 二次剪辑创作不是指照搬照运，而是要在原有素材的基础上进行创新编辑。目前，影视剪辑要获取影视剧方的授权才能进行剪辑创作。

3. 剧情类创作法

即构思一定的故事情节来进行内容呈现，可通过设置剧情反转提高视频可看性，这种创意常常能吸引人不由自主地看下去。

4. 知识提取法

将自己的专业知识储备，通过简单易懂的方式传递给用户，这种方法尤为适合垂直类内容创作，很容易获得黏性高、有需求的"粉丝"，如美妆、汽车、母婴等。

5. 生活记录法

比如用 Vlog 这种形式，记录自己和家人、朋友身上发生的故事，再提取其中的精华进行内容创作。此类创作,因"接地气"的生活更容易获得大众的共鸣，从而能达到更好的传播效果。

6. 反转法

新手"小白"的短视频创作大多是从模仿做起，可是一直模仿就很难有自己的创意和新奇的东西，渐渐地视频内容就会很枯燥、单一。这时候就需要进行一些角色的反转或者是剧情的反转，反转是每个剧情片的核心，能给用户带来意想不到的体验。

7. 场景扩展法

场景扩展法就是创作者明确短视频的主要目标用户群体后，以目标用户群体为核心，围绕他们关注的话题，通过构建九宫格来扩展场景，寻找更多内容方向的方法。

比如，围绕年轻夫妻，可以进行如下扩展：

（1）画出9宫格；

（2）以年轻夫妻为核心，列出核心关系；

（3）再用核心关系为9宫格，画出常见的、最好有冲突的沟通场景。

对于年轻夫妻来说，我们很容易得到第一层核心关系：

（1）自己父母；

（2）对方父母；

（3）兄弟姐妹；

（4）孩子。

在这4个核心关系里面，我们再延伸出4个第二层关系，如图3-16所示，这样第一层的"场景扩展"就完成了。

自己父母	亲密朋友	对方父母
领导、同事	年轻夫妻	孩子的老师
兄弟姐妹	邻居	孩子

图 3-16　构建九宫格第一层核心关系

第一层场景扩展完成后，继续第二层，围绕孩子，可以扩展出如图3-17所示的场景。

上学	家教	购物
辅导作业	年轻夫妻和孩子	旅游
做游戏	做家务	吃饭

图 3-17　构建九宫格沟通场景

我们可以围绕这 8 个二级场景，为每个场景找出 3 段对话，比如做家务：

（1）洗碗的对话；

（2）拖地的对话；

（3）洗衣服对话。

就这样，视频素材就出来了，是不是很简单？根据九宫格的各个场景，可尽情地创作视频。

四、内容结构设计

好的内容，其实本身有相对稳定的结构，简单地可总结为"开头一秒'暴击'，中间制造不许走的'嗨点'，结尾升华"。

1. 开头一秒"暴击"——提升观看量

对于抖音，用户一分钟内可能划走 20 条短视频，一条短视频的内容再好、干货再多，第一秒没有吸引到用户，用户就不会停留。抖音播放量怎么算的？如果一条抖音短视频播放量是 200，就说明有 200 个人第一秒为你的短视频停留了，如果播放量是 1 万，就是 1 万个人在第一秒停留了，这第一秒到第三秒停留时间内的人数视为你的播放量，如果你的播放量高，平台才可以判定你这个内容是优质内容，平台会往上推一个流量池。如果反馈好，再往上推一个流量池。所以，第一秒能否吸引到用户，决定这条短视频有没有可能有流量。做视频时一定要找到一个让大家第一秒就看下去的理由。

2. 制造不许走的"嗨点"——提升完播率 + 点赞

只是第一秒把用户留下来了还不行，留下来的用户不一定点赞，也不一定关注，短视频内容要言之有物，引导用户看完。要不遗余力地把人留下来，在第二秒到第六秒的时候让用户感到短视频内容与自己息息相关。当内容戳中了用户的"痛点、笑点、泪点、嗨点和痒点"，不管什么点，只要戳中一个，用户就可能给短视频点赞。

3. 结尾升华——获取"粉丝"流量

另外，短视频的结尾也需要做好升华，才能在最后给用户留下深刻印象，所以一个好的结尾非常重要，一般常见的结尾有如图 3-18 所示的三种，需要根据不同的视频内容匹配令人回味的结尾。

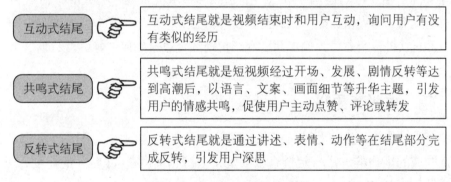

图 3-18　视频结尾的常见形式

短视频发布后也别忘了在留言区与用户做好互动。留言区是短视频创作者与观众以及观众之间交流互动的空间，如果把握好了，可以引起观众情感共鸣，并且借这种机会吸引更多的"粉丝"关注，拉近与用户之间的情感距离，形成更高的用户黏性。

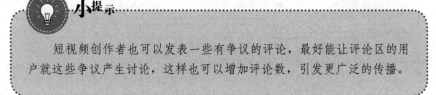

小提示

　　短视频创作者也可以发表一些有争议的评论，最好能让评论区的用户就这些争议产生讨论，这样也可以增加评论数，引发更广泛的传播。

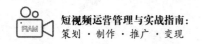
第三节　企业号运营策划

短视频的火爆发展，不仅吸引了自媒体人的加入，就连企业也纷纷参与。做好短视频企业号的运营，可以搭建起品牌私域流量池，扩大品牌传播范围，助力企业增加曝光量，提高品牌辨识度。

下面以抖音企业号为例，简要介绍短视频企业号如何做好运营策划。

一、企业号定位

企业号作为一家企业营销产品、宣传品牌的账号主体，所针对的群体都是垂直领域的客户群，账号定位直接决定了人群精准度、"涨粉"的速度、引流的效果和变现的能力。

1. 企业号定位的要素

企业号的定位原则是长线营销思维、贯穿品牌理念、内容风格统一。具体来说，抖音企业号定位要有如图3-19所示的五要素。

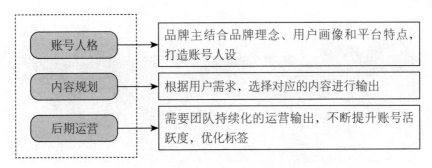

图 3-19　抖音企业号定位要素

2. 账号定位的方法

只有定位清晰准确了，才能对以后的运营推广起到事半功倍的作用。抖音企业账号的定位方法，包括用户定位和内容定位。

（1）用户定位。

所谓用户定位，简单地说，就是你需要知道你的视频是为谁制作的。这个"谁"有两层含义，如图 3-20 所示。

图 3-20　用户定位的对象

（2）内容定位。

内容定位，顾名思义，就是具体做什么内容的视频，你在短视频中呈现的是哪个领域或行业。内容定位将决定主题选择的方向。短视频创作者如果没有明确的内容定位，只管跟风，是绝对不行的。短视频内容策划必须避免"从众"二字。

在内容选择方面，最简单、最有效的方法就是选择你最擅长、资源最多的领域，这样你就可以在未来的内容规划中充分利用，使得你的短视频在选题和

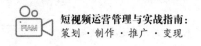
资源上都有保障。

小提示

内容定位和用户定位不是相互独立的，而是互补的，两者之间的关系是密不可分的。在内容和用户定位明确后，短视频制作才能有一个可持续的发展。

即学即练　**提问：你的短视频是为谁制作的？**

二、企业号主页装饰

根据账号定位，开始装饰账号主页，主页是客户了解品牌、留存资料（简称留资）和咨询的重要场所。

1.账号头图

头图是账号主页装饰的重要组成部分，一般分为如图3-21所示的2个类型。

引导性头图 通过引导性语言，引导用户关注账号并持续关注账号的更新内容

个性类头图 体现账号业务内容或产品特点，向用户展示自己的独特性，让用户一眼就明白你的业务或产品。头图可使用个人头像（需与账号人设保持一致），或使用企业Logo（品牌背书）

图3-21　账号头图的类型

2. 账号昵称

一个好的账号昵称能帮助用户更好地了解企业信息，提高用户信任感。建议账号昵称直接传达有效的信息，可按"企业简称＋行业""企业简称＋教××/带你看××""企业简称＋直播时间"等公式设置，如小张的海鲜美食、微微女装穿搭（早上9点直播）。

3. 账号头像

账号头像要与账号内容风格统一，如有品牌Logo，可直接使用品牌Logo或是品牌Logo图片，也可以使用品牌名称和品牌口号等。

4. 账号简介

账号简介具备两个作用：内容补充和引导转化。通过文字说明告知用户该账号的主要业务内容，即"我能提供什么"，同时引导用户关注账号内容，即"用户可以收获什么"。

简介内容可按"账号定位＋专业背书/品牌简介/团队情况＋营业时间/直播时间"这个公式来设置。

比如，我是设计师王××，专业从事室内设计20余年，工作室位于广东深圳，拥有设计师团队30余人，可为全国所有城市业主提供免费设计服务，为深圳市业主提供免费上门量房设计服务，营业时间8:00～22:00，直播时间每周二、四、六、日晚21:00，带你"爆改"小户型。

 知识拓展

抖音企业号简介使用规范

1.合法合规

简介信息应遵守各项法律法规以及符合抖音企业认证规范。不得涉及法律、行政法规禁止的情形，包括但不限于以下内容：

（1）不得使用或者变相使用中华人民共和国的国旗、国歌、国徽、军旗、军歌、军徽、勋章以及中央国家机关所在地特定地点的名称或者标志性建筑物的名称；

（2）不得使用或者变相使用国家机关、国家机关工作人员的名义或者形象；

（3）不得损害国家的尊严或者利益，不得泄露国家秘密；

（4）不得含有民族、种族、宗教、性别歧视的内容；

（5）不得含有淫秽、色情、赌博、迷信、恐怖、暴力的内容。

2. 不得带有广告性质

不得使用包括不限于"国家级""最高级""最佳""第一"等绝对化用语；不得夸大宣传或使用虚假、欺骗、引诱类词汇。

3. 不得过度营销

不得散布类似商业招揽信息、过度营销信息及垃圾信息。

4. 不得仿冒官方

不得使用涉及字节跳动、今日头条、抖音、火山、巨量引擎等字节系下产品相关的内容。

5. 不得含有联系方式

不得包含电话、网址、邮箱、社交平台账号等内容。

6. 建议使用

简洁清晰地描述真实准确的企业信息、企业文化、品牌活动等，突出特色优势。

三、企业号内容策划

根据账号的定位，可以找到目标用户的消费诉求及偏好，分析目标用户在消费该类别产品时产生的"痛点"，来最终确定内容的策划方向。

1. 内容创作

在内容创作上需要在企业文化和产品优势基础上，融合抖音的主流元素（如剧情、反转、换装、热梗、逗趣等），制作出真正符合用户及企业/品牌需求的内容。

2. 内容发布

在内容发布上企业号需要保持固定的发布频率和直播频率，更重要的是，创作者有内容数据记录和分析意识，合理科学地指导内容创作。

3. 内容传播

在内容传播上企业号要获得更多的曝光，吸引更多用户，创作者需要关注如图3-22所示的几个关键点。

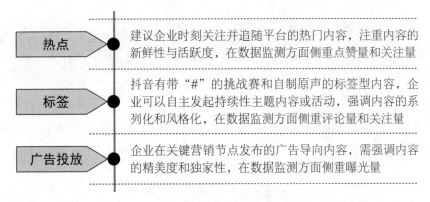

图 3-22　内容传播的关键点

　　抖音内容营销远不止这些，还可以结合"达人"进行组合式投放，发起挑战赛、全民任务等营销活动。当企业号影响力积累到一定量级后，还可以运用员工号／子母号搭建企业账号矩阵，来获取更多目标用户。

四、企业号"粉丝"积累

　　企业之所以要运营企业号，而非个人号，就是因为可以将抖音公域的用户流量名正言顺地沉淀到自己的抖音私域里。运营者可参考如图3-23所示的方法助力企业号"粉丝"积累。

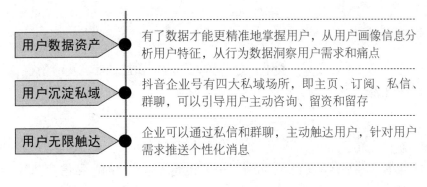

图 3-23　企业号"粉丝"积累的方法

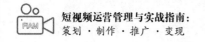

五、企业号用户经营

企业号如何完成"用户引流私域——触达和培育用户"运营场景呢？具体方法如下。

1. 私信自动回复

企业可以提前设置自动回复，当用户主动咨询时，即可及时进行引导。根据"电商、留资和到店"的不同企业场景，可以参考如表 3-2 所示的回复模板内容。

表 3-2　私信自动回复模板

序号	场景	具体说明
1	电商场景	（1）感谢关注 ×× 哦！客服小妹在线时间：×× : 00 ～ ×× : 00，帮您解答各种问题，重磅"宠粉"福利，点击下方入口领取"粉丝"专属满减优惠券 （2）镇店之宝 AAA 商品链接——（消息卡片 A 配置商品链接 AAA） （3）畅销之王 BBB 商品链接——（消息卡片 B 配置商品链接 BBB） （4）回复关键词"CCC"，领取 KK 福利日优惠
2	留资场景	亲爱的"粉丝"您好！感谢您的关注和支持！客服小妹在线时间：×× : 00 ～ ×× : 00，帮您解答各种问题，预约专属服务入口——（消息卡片配置预约留资链接），一对一专属顾问帮您解答 ××× 问题，免费提供指导方案
3	到店场景	（1）感谢关注 ×××，全国 200 家门店为您提供优质的 ××（行业）服务 （2）点击查看连锁门店地址（消息卡片配置门店链接） （3）"宠粉"福利来袭！点击领取团购优惠，到任意门店消费一律 ×折优惠！入口——（消息卡片配置团购链接）

2. 私信群发

借助第三方平台工具，企业提前设置好内容，通过私信群发给企业号用户，达到运营目的。

3. 私信营销

借助第三方平台的功能（如新川——智能获客平台的"私信营销"），可以自动识别用户的互动行为（点赞、评论等），系统即时推送私信内容。

4. 抖音群聊

抖音群聊是留存用户的重要场所，企业搭建群聊可以根据"粉丝"喜好类型、地域、购买力、品牌忠诚度等维度划分抖音"粉丝"，通过"粉丝"团等级、是否关注来建立群聊门槛，精准筛选目标用户。还有欢迎语和群发功能，能辅助企业高效运营群聊用户，增强互动和经营转化。

5. 评论自动回复

借助第三方平台工具，当用户评论内容含有关键词时，即可自动触发回复内容，能帮助企业识别精准用户，及时引流。

 提问：企业搭建抖音群聊有什么作用？

六、企业号经营转化

抖音私域场景的用户转化方式有留资转化、交易转化、裂变转化三种。可将企业号的转化功能搭载于日常发布的视频内容中，根据业务模式及内容特性尝试多种变现路径，如在账号主页可设置外链支持跳转到官网链接、设置 POI 地址（指抖音上的兴趣标签、入口，类似于线下推广门店的桥梁）显示门店位置、支持电话外呼、短视频支持挂在 POI 地址或者小程序上、拥有卡券功能能直接在主页引导用户领券等。

 知识拓展

抖音企业号运营的技巧

1. 注重视频文案

抖音平台上能发挥文案作用的地方有标题、评论以及字幕三处。标题、评论和字幕的作用都是更好地服务于内容，让用户直观地理解创作者思路，这样才能触发他们互动的欲望。

标题在提高短视频播放完成度和互动率上起着关键作用，视频标题不够吸引人，就不会有人看视频，自然也就没有用户行为；有些视频的字幕也很重要，通常需要在关键步骤上去添加字幕以帮助用户看懂内容。

2. 利用流量明星效应

很多品牌都会为代言人制作多条符合抖音用户使用习惯的竖屏内容，并鼓励用户进行互动，因此短时间集中爆发比较容易实现，但是这种方式费用高昂，或许只有大品牌用户能承担得起。

3. 建立人设

建立人设的目的是能以人格化品牌来聚集用户群体和增加"粉丝"黏性。在抖音上面想要打造一个具有足够"吸粉"能力的"蓝V"账号，就要考虑为账号打造专属的人设这种方法。

首先可以通过了解品牌客户需求来设置账号定位，确定好账号人设和内容主线；然后通过制作优质的短视频内容来提高用户的黏性；最后可以通过品牌账号优质内容的沉淀影响，持续吸引目标用户，从而搭建抖音自有的"粉丝"流量池。

4. 植入创意广告

在短视频中植入创意广告既能保证用户看了不反感，也可以取得广告即内容的效果，让广告本身降低违和感。

比如，江小白在抖音上面发布了一个名叫"他们非要我喝西瓜汁的时候酷一点"的视频，最终这条贴近用户生活场景的广告获得了12.8万的点赞和2200多的评论。

5. 制造传播热点

抖音的用户互动性特别高，这一特点也非常适合营销活动的传播和扩散。这从之前中国国家博物馆与七家地方博物馆联合抖音一起推出的"第一届文物戏精大会"刷爆朋友圈的这一个案例就可以看出来。

6. 抖音挑战赛

抖音每天都会更新不同主题的挑战，将时下热点和短视频相结合，不仅能够激发用户的创作热情，更容易借热点进行内容传播。"挑战"类活动是抖音为企业提供的独特营销模式。

抖音挑战赛活动的入口相对而言比较浅，抖音用户能够在推荐的视频之中点击话题按钮直接跳转到活动的页面，也可以通过"发现"中的热搜内容进入活动页面。

7. 找 KOL 合作

通过 KOL（关键意见领袖）植入广告的好处非常多，比如观众不反感KOL 的软性植入、视频内容可以和产品特性做衔接等。

比如，荣耀手机和办公室小野进行合作的视频获得了 16.8 万点赞、1.1万转发。这组数据就可以显示，视频评论区中关于手机的讨论，也会让用户注意到"荣耀"这个手机品牌。

8. 制作互动贴纸

抖音上可以为商家进行创意贴纸定制，用户在拍摄视频时，可在贴纸栏下载品牌定制的抖音贴纸。这种方式最大的优点是让用户主动参与其中。

比如，苏宁的膨胀红包就因为春节的加持在短时间内被 15 万人使用。

第四章

掌握技巧，"菜鸟"变大师的短视频创作之路

▶ 知识目标

1. 知悉短视频脚本类型和包含的要素。
2. 掌握短视频创作常见名词术语。
3. 懂得拍摄设备各参数的含义。
4. 掌握短视频剪辑基础概念。

▶ 技能目标

1. 掌握短视频脚本编写技巧，会撰写要素完整、主题突出的分镜头脚本。
2. 熟练使用拍摄设备，并能根据需要调节各项参数。
3. 运用不同景别、构图、角度、光线和运镜方法，拍摄主题鲜明的短视频。
4. 熟练运用剪辑手段，对短视频进行后期包装。

▶ 课程目标

1. 引导读者树立脚本素材从群众中来、到群众中去的服务群众的意识。
2. 培养读者发现美、鉴赏美和创造美的能力。
3. 培养读者敬业、精益、专注、创新的工匠精神。

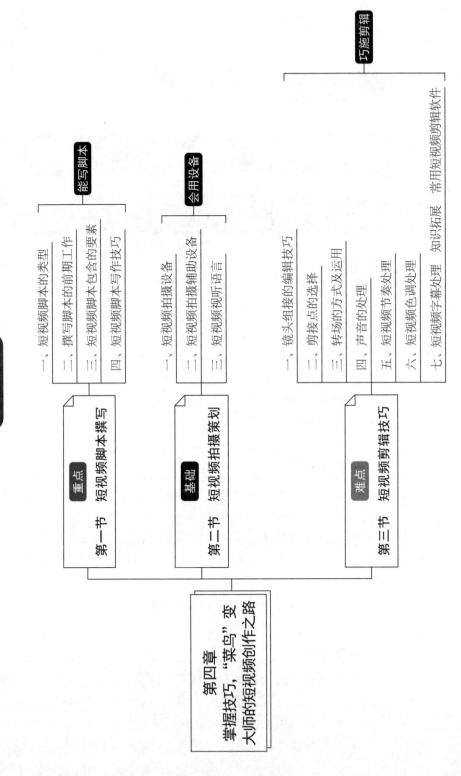

××奥特莱斯感恩节创意短视频

2020 年 11 月 26 日，不仅是感恩节，也是奥特莱斯会员日。奥特莱斯制作了感恩节系列短视频，分友情篇、爱情篇、亲情篇和 VIP（贵宾）篇四部分，用这四段视频传递感恩回馈会员活动信息，诠释"感恩相伴，情溢奥莱"理念。

系列短片一：感谢你伴我岁岁又年年

这是只属于这两个女孩的快乐，相识十年，彼此之间多的，不只是那一份默契。

视频中女孩在忙碌地工作，桌面台历上醒目的"11 月 26 日，I love 奥莱"映入眼帘，直白地将故事背景与品牌信息传达给观众。"晚上 6 点，十年之约，新游戏，等你哦~"一个简单的信息，发送来的照片背景是在奥莱。女孩收到好友信息，放大一看便明白了好友的游戏。晚上 6 点，飞奔至奥特莱斯天台，两人四目相对，相视一笑，视频到此结束，恰到好处地引起大家的共鸣。

视频中选用《一起长大的约定》为背景音乐，在轻松活泼的曲调里，藏着关于友情的秘密。片头就开始隐喻两位主人公之间的亲密关系，奥特莱斯也见证了这份珍贵的感情。片尾响起："老朋友，一直在，感谢你伴我岁岁又年年"的旁白，这里的"老朋友"不仅是指短片中两位主人公的关系，也在隐喻奥特莱斯作为顾客的朋友，一直贴心陪伴，感恩顾客，奥特莱斯的品牌魅力在这里被放大。

系列短片二：感谢身边的人还在身边

有时，人们会说，健忘像一个礼物，因为能让人快些忘记痛苦和伤心的事情，但是，当最爱的人也忘记了你，你会怎么办？

视频讲述了患有阿尔茨海默病的奶奶再一次忘记了老伴的故事。短片前半段，患有三年阿尔茨海默病的奶奶和老伴一同逛街，老伴精心为她收拾整理衣角，当老伴撩起她鬓角的那一抹头发时，奶奶突然忘记了老伴，问道："你是谁呀"？镜头一转，闪现出他们三十年前的结婚照，两个人笑得无比灿烂，无比幸福。漫长的岁月中，两个人的相互扶持和陪伴，已经成为彼此生命中的不可或缺。你忘记了我，但我记得你的一切，感谢身边的人一直在身边。

短片中传递了对于爱情的态度，是死生契阔、与子成说的承诺，是执子之手、与子偕老的陪伴，而感谢身边的人一直在身边，也是奥特莱斯想对消费者所表达的东西。

系列短片三：感谢你，不是超人，却为我变成了万能

平凡中透着坚毅，随和中不乏刚强，"爸爸也是头一次当爸爸"这句话，不知戳中了多少人的泪点。

视频中学习轮滑失败的女儿想要放弃，爸爸从自己身后拿出了一双轮滑鞋，穿上后开始独自练习，在不断的失败中终于站了起来。孩子看到后，和爸爸一起开始了轮滑之旅。

视频诠释了什么是最好的父爱，就是身体力行，陪伴孩子成长。同时，奥特莱斯也在向更多人传递，奥特莱斯愿意成为所有人的超人，为大家提供无所不能的服务承诺。

系列短片四：让开不了口的爱都有了出口

短片一开头，让观众误以为男女是情侣关系，其实，男生将女生约到咖啡厅，只是为了介绍奥特莱斯的会员卡。利用巨大的反差，营造"无厘头"的剧情。所有男主为女主承诺的事，也是奥特莱斯对于会员们的承诺，视频用一场"误会"为大家送上感恩节的福利，同时感谢消费者对于奥特莱斯品牌的支持与信任。

奥特莱斯将产品本身与感恩的概念紧密结合，用四个视频还原生活中的真实场景和内容，让消费者感受到爱与支持。

思考：

1. 奥特莱斯是怎样将"感恩相伴，情溢奥莱"的理念融入短视频内容策划的？

2. 奥特莱斯的系列短视频是怎么围绕选题进行脚本创作的？

3. 短视频如何围绕选题进行拍摄和剪辑？

4. 在感恩节前夕，××奥特莱斯联合锋瑞传媒拍摄了以爱为主题的系列短片四部曲。收获了无数好评，让用户体会到奥特莱斯"感恩相伴，情溢奥莱"的浓浓爱意。从主题策划、素材拍摄和剪辑效果谈谈你的感受。

第一节　短视频脚本撰写

短视频脚本是短视频制作的灵魂，用于指导整个短视频的拍摄和后期剪辑，具有统领全局的作用。虽然短视频的时长较短，但优质短视频的每一个镜头都是精心设计的。短视频脚本的撰写可以提高短视频的拍摄效率与拍摄质量。

一、短视频脚本的类型

短视频虽短，但每一个场景和每一句台词都需要精雕细琢。越是精细化拍摄和剪辑出来的视频越会受到用户的喜爱。如果把盖房子比喻成拍摄短视频，那么脚本就是房子的图纸。脚本为短视频的拍摄、剪辑提供了一个精细的流程指导。只需按照脚本流程推进下去就能快速完成拍摄。

短视频脚本主要有如图 4-1 所示的三种类型。

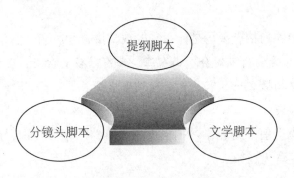

图 4-1　短视频脚本的类型

1. 提纲脚本

提纲脚本指为拍摄 vlog 制定的拍摄内容要点。这种形式的脚本主要应用在纪实拍摄当中。纪实拍摄是以记录现实生活为主的摄影方式，素材来源于生活，如实反映我们所看到的。

比如，景点讲解类、街头采访类、美食探访类等采用的都是纪实的拍摄手法。

摄影师在拍摄之前对将要拍摄的现场和事件情况并没有太可靠的把握，因此无法做到非常精准地策划预案。如果没有预案，拍摄出的视频，逻辑性会非常差，因此根据将要拍摄的现场或事件，把必须拍摄的要点写成拍摄过程，可以保证视频的质量。策划拍摄提纲主要分为如图 4-2 所示的四个步骤。

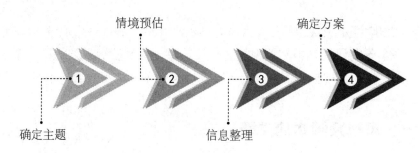

图 4-2　拍摄提纲制作步骤

（1）确定主题。

确定主题指拍摄视频之前要明确视频的选题和创作方向。可以用一句话说明白拍摄一个什么样的视频。

比如，拍摄一条视频，带领用户去体验一下北京南锣鼓巷都有哪些美食和乐趣。

（2）情境预估。

情境预估指罗列拍摄现场是什么样的或拍摄过程将有什么事情发生。

比如，××美食街可能会人山人海，会有很多美食店，会有很多好玩的店铺等。应该着重拍摄 2 ～ 3 家美食店和娱乐店铺。

（3）信息整理。

信息整理指提前准备和学习拍摄现场或事件的相关知识，这有助于拍摄时不至于解说内容毫无逻辑。

（4）确定方案。

确定方案指确定拍摄方案，方案主要包括时间线、拍摄场景、话术三个部分。

2. 分镜头脚本

分镜头脚本指通过连续的文字来描述视频场景的一连串镜头，相当于整个视频的制作说明书，是把视频情节翻译成镜头的过程，相比提纲脚本要详细和精致很多。

分镜头脚本主要由景别的选择、拍摄的方法与技巧、镜头的时长、镜头的画面内容、背景音乐等元素组成。其不仅包括完整的故事，还要把故事的情节点翻译成镜头。每一个镜头里面要包含许多拍摄和制作上的细节，例如，画面、光线、镜头运动、声音和字幕等。

分镜头脚本对拍摄者要求相对较高，一般短视频拍摄者难以驾驭。但是对于喜欢拍摄故事性强或者具有"文艺范"的视频创作者来说可以借鉴这种手法。

3. 文学脚本

文学脚本是各种小说或者故事改版以后方便以镜头语言来完成的一种台本方式。其不像分镜头脚本那么细致，适用于不需要剧情的短视频创作。例如，教学视频、测评视频、拆快递视频等。

文学脚本中只规定人物需要做的任务、说的台词、选用的镜头和节目时长即可。

即学即练 短视频脚本主要有哪些类型？

二、撰写脚本的前期工作

在开始下笔写短视频脚本前，你必须先确定好此次短视频的内容思路，具体如图 4-3 所示。

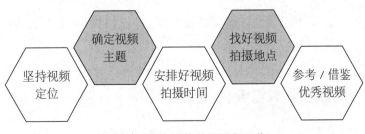

图 4-3　脚本写作前的准备工作

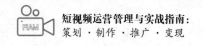
1. 坚持视频定位

通常，短视频账号都会有明确的账号定位，如美食类、服装穿搭类、职场类、生活小技巧分享类、街头访问类等。所以，我们在策划每个短视频内容之前，都要基于自己的账号定位。

不管是平台，还是用户，都喜欢垂直内容，这是毋庸置疑的。

2. 确定视频主题

主题是根据内容定义的。基于上面的账号定位，需要对具体的短视频拍摄定下主题。

比如，彩妆分享类账号，拍摄一个干皮底妆"种草"分享，就是具体的视频主题。

又如，服装穿搭类账号，拍摄一条 T 恤与裤装搭配的视频，就是具体的拍摄主题。

3. 安排好视频拍摄时间

如果你的短视频需要多人或者与别人合作拍摄，你就需要提前安排好视频拍摄时间：一是可以做成可落地的拍摄方案，不会产生拖拉的问题；二是不影响前期准备、后期剪辑工作进度。

4. 找好视频拍摄地点

拍摄的是室内场景或室外场景？再具体一点，街道或广场？等等。因为部分拍摄地，可能需要你提前预约或沟通，这样才能不影响拍摄进度。

5. 参考 / 借鉴优秀视频

尤其是刚开始接触短视频的制作者，其想要的视频拍摄效果和最终出来的效果经常会存在差异。这时，建议其提前学习一些视频拍摄手法和技巧，或者直接借鉴、学习"达人"的拍摄。

三、短视频脚本包含的要素

在拍摄脚本里面，我们要对每一个镜头进行细致的设计，主要包括如图 4-4

所示的几个要素。

图4-4　短视频脚本包含的要素

1. 场景

拍摄场景总体来说就是拍摄的环境。

比如，会议室、广场、超市、酒店、街道等。

2. 景别

景别是指拍摄的时候要用远景、全景、中景、近景、特写中的一种或是其中的几种。

比如，拍摄人物时，远景是把整个人和环境拍摄在画面里面，常用来展示事件发生的时间、环境、规模和气氛，比如一些战争的场景。全景比远景更近一点，把人物的身体整个展示在画面里面，用来表现人物的全身动作，或者是人物之间的关系。中景是指拍摄人物膝盖至头顶的部分，不仅能够使观众看清人物的表情，而且有利于显示人物的形体动作。近景是指拍摄人物胸部以上至头部的部位，非常有利于表现人物的面部或者是其他部位的表情、神态，甚至是细微动作。特写是指对人物的眼睛、鼻子、嘴、手指、脚趾等这样的细节进行拍摄，适合用来表现需要突出的细节。

3. 角度

镜头角度主要有平视、斜角、仰角和俯角。

（1）平视，是最基本的拍摄角度，客观表现内容，镜头与拍摄对象眼睛齐高。

（2）斜角，是故意倾斜拍摄，以便让大家注意到画面失调。

（3）仰角，从低角度仰视拍摄，可以使拍摄对象更加高大或占据主导地位。

（4）俯角，从高往下片拍摄，让被摄人物显得比较弱小。

4. 运镜

运镜是指镜头的运动方式（摄像机镜头调焦方式），比如从近到远、平移推进、旋转推进。

5. 演员

剧本中扮演某个角色的人物。

比如，男主、女主、路人。

6. 服装

如衣服、鞋子、包，以便演员根据不同的场景进行搭配。

7. 道具

可以选的道具有很多种，选择方法也有很多，但是需要注意的是，道具应起到画龙点睛的作用，而不是画蛇添足，不要让它抢了主体的风采。

8. 内容

内容指演员的台词、解说稿或者镜头内容、需要拍摄的画面等。台词是为了镜头表达而准备的，起到画龙点睛的作用。一般来说，60秒的短视频，文字不要超过180个字，否则会让观众听着特别累。

9. 时长

时长指的是单个镜头时长，提前标注清楚，方便我们在剪辑的时候找到重点，增加剪辑的工作效率。

10. 拍摄参照（图例）

有时候，我们想要的拍摄效果和最终出来的效果是存在差异的，我们可以找到同类的样品和摄影师进行沟通，告诉其哪些场景和镜头是表达你想要的，这样摄影师才能根据你的需求进行内容制作。

11. 背景音乐

背景音乐（BGM）是一个短视频拍摄必要的构成部分，配合场景选择合适的音乐非常关键。

比如，拍摄帅哥美女，可选择流行和嘻哈类快节奏的音乐；拍摄中国风，则要选择节奏偏慢的唯美音乐；拍摄运动风格的视频，就要选择节奏鼓点清晰的节奏音乐；拍摄育儿和家庭剧，可以选择轻音乐、暖音乐。

在这方面需要多积累，可学习别人是怎么选择 BGM 的，或者选择平台上近期热门的 BGM。

12. 备注

可以在拍摄脚本最后一列打上备注，写下拍摄需要注意的事项，以方便摄影师理解，写得通俗易懂就行，没有什么需要备注的就空着。

即学即练 拍摄脚本需要包含哪些要素？

四、短视频脚本写作技巧

脚本是短视频拍摄所需要的大纲，或者说是一个剧本。合理规划脚本的架构和逻辑且形成风格，能让用户更容易记忆，从而提升内容的吸引力。那么如何写好脚本呢？可借鉴如图 4-5 所示的技巧。

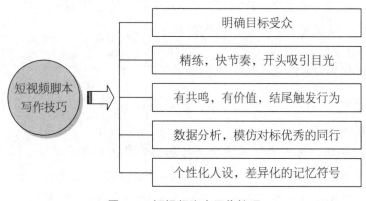

图 4-5　短视频脚本写作技巧

1. 明确目标受众

写文案之前，需要明白这个短视频的主题是什么？想要表达什么？是娱乐类的，还是干货类的，或者其他？明确目标受众的用户画像，他们关注什么、喜欢什么、讨厌什么等一系列的问题。弄清楚了这些，才能制作出让目标用户有感觉、有共鸣的作品，继而引发用户的互动、分享等后续行为，从而让视频的数据有更好的表现，进入平台下一波的流量推荐池。

课程思语　优质短视频创作要在分析用户画像的基础上，充分考虑受众的心理特点和个性需求，从而提升受众的心理满足感。应树立媒体面向群众、服务群众、从群众中来、到群众中去的服务意识。

2. 精练，快节奏，开头吸引目光

考虑到短视频的时间限制，讲究一个快节奏，因此需要精练的文案，迅速吸引用户的注意力。很多人是在碎片化的环境下看短视频的，不会在一个视频上面花太多的时间，同时，他们也会有更多的选择，从一个视频到下一个视频，只要轻轻一划就行了。所以，开头的文案就非常关键，一定要有诱惑力，能够调动用户情绪，或者说激发他们的好奇心，让他们继续看下去。其实一个视频真正吸引用户的时间，就只有开头的三秒，如果在三秒之内没有吸引到用户，

可能他们就直接划走了。可以先把文案写出来，然后浓缩提炼精华，把其中一些不重要的东西删掉。有的短视频的时长可能一分钟不到，但可以说每一帧都是精华。

3. 有共鸣，有价值，结尾触发行为

短视频的结尾非常重要，要能够促使用户做一些动作，比如关注、收藏，或者分享，转发等。写文案的时候，要注意激发用户共鸣，让用户看完以后能够收获一些东西，抒发一些情感。文案最后要有一个让用户行动的触点，甚至有些人会故意说错一些话，来引导用户在评论当中纠正，其实这也是变相地增加互动，让视频的数据表现更好。同时，视频内容要带给用户一些有用或者有趣的东西，让用户收藏，或者说让他们愿意分享出去。

4. 数据分析，模仿对标优秀的同行

想要做好短视频，千万不能闭门造车，一定要研究优秀的同行，对自己以往的视频进行数据分析，持续总结优化。先研究爆款，尝试模仿，有了经验再去创新。多关注一些在这个领域内做得好的同行，学会去拆解他们的选题，分析他们是怎么做的。刚开始，可以把一些爆款的短视频下载下来，把视频语音转成文字，去研究对方的框架结构。

比如，开头的三秒、中间的部分、结尾的这些地方他分别是怎么写的？看得多了以后，你就会有感觉，比如什么地方应该做铺垫，什么地方应该甩包袱。

另外一点，视频发布以后，要关注数据的变化，文案不是写好了就行了，需要你根据视频的数据，进行分析总结，来调整下一次的文案写作。

5. 个性化人设，差异化的记忆符号

文案脚本要符合人设，有一定的特色，让人有记忆点。因为现在做短视频的人太多了，很多内容都是千篇一律的。

比如，舞者都穿一样的衣服跳一样的舞蹈，这样很难在竞争当中脱颖而出，因为同质化太严重了。

视频要有差异化的点，这就需要通过各个方面去优化，比如特定的穿着装饰、特定的动作、特定的语言等，因此，在短视频的文案上面也要好好下一番功夫。

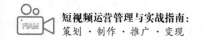
第二节　短视频拍摄策划

要想顺利地完成短视频拍摄，让短视频作品更有吸引力，短视频创作者不仅要学会使用拍摄设备，还要掌握短视频的视听语言、短视频拍摄设备参数的设置等，这样才能打造出高质量的短视频作品。

一、短视频拍摄设备

对于短视频拍摄者来说，选好拍摄设备对于短视频的拍摄质量有着直接的影响。在此介绍常用的短视频拍摄设备和辅助设备。

短视频的拍摄设备主要有手机、单反相机和摄像机。

1.手机

随着智能手机的普及，手机可以说是最常见的拍摄设备。现在短视频平台功能日趋完善，进入门槛低，短视频创作者可以直接用手机拍摄短视频上传至短视频平台。对于刚进入短视频行业且没有资金预算的新人来说，推荐使用手机拍摄。

2.单反相机

团队发展到稳定阶段，有了一定规模之后，会面向更广大的用户，对画质和后期的要求也会越来越高，这时便需要考虑使用单反相机进行拍摄。单反相机最大的优势在于能够通过镜头更加精确地取景。

3.摄像机

一般的摄像机可以分为业务级摄像机和家用DV摄像机两种。业务级摄像机比较常用于新闻采访或者会议活动。它的电池蓄电量大，可以长时间使用，并且自身散热能力强。家用DV摄像机小巧方便，用于旅拍或者活动拍摄，其清晰度和稳定性都很高。

即学即练 **判断：短视频拍摄过程中尽量不使用手机拍摄。**

二、短视频拍摄辅助设备

1. 稳定设备

画面的稳定性在视频拍摄中尤为重要，它影响着人们的观感体验，如果拍摄画面的抖动幅度过大，则让人很难集中精神看下去，这时候我们需要一个稳定手机 / 相机的辅助器材。

稳定设备主要有手机自拍杆（图 4-6）、手机三脚架（图 4-7）和手机稳定器（图 4-8）。

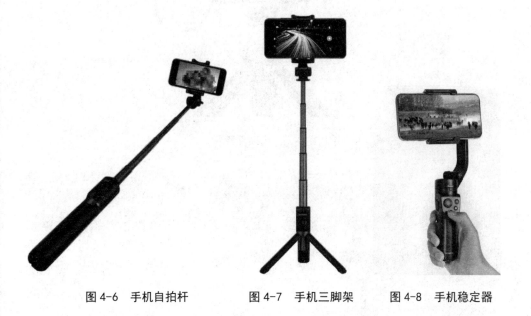

图 4-6　手机自拍杆　　　　图 4-7　手机三脚架　　　　图 4-8　手机稳定器

2. 收音设备

短视频创作，是视听语言的呈现，它兼具流畅的画面与饱满立体的声音。

当我们用原生手机的麦克风或者相机自带的麦克风进行内录和收音的时候容易受环境的影响，录制的声音很嘈杂、浑浊，这时候我们就需要用到收音的辅助设备，即收音麦克风。

目前常用的收音和录音设备有机顶麦克风、领夹麦克风和外录收音设备等。

（1）机顶麦克风。

机顶麦克风指向收音，应固定位置且保持正向对着声源，声音不能离麦克风太远，如果是多人移动拍摄，一般配合挑杆使用，随时调整麦克风的位置，这种麦克风是目前使用最广泛的收音设备（图4-9）。

图4-9　机顶麦克风

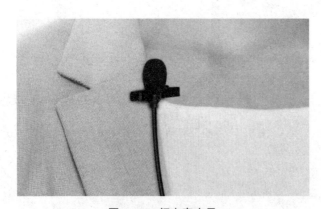

图4-10　领夹麦克风

（2）领夹麦克风。

领夹麦克风允许说话者在表演时自如活动而不会影响声源的拾取（图4-10），多用于会场表演和个人录制视频。

（3）外录收音设备。

外录收音设备属于专业级收音设备，其声音饱满真实，采用立体双声道录制，适合对声音要求比较高的用户。

3. 补光设备

短视频制作过程中，为了保证更好的拍摄效果，尽量配光源。常用的补光设备有闪光灯、LED 补光灯（图 4-11）、反光板等。

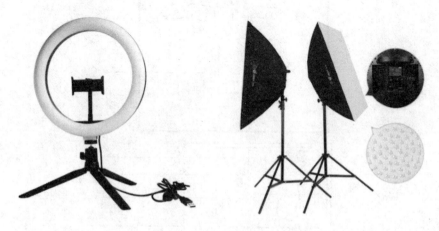

图 4-11　LED 补光灯

即学即练　短视频拍摄辅助设备发挥哪些作用？

三、短视频视听语言

学习短视频拍摄，不仅要学会使用拍摄设备，还要掌握视听语言，只有掌握一定的视听语言知识，才能提高对短视频作品的分析和解读能力。在此对短视频中的视听语言进行详细介绍，包括景别、画面构图、拍摄角度、光线运用、运镜设计等。

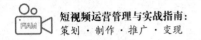

1. 景别

景别是指由于拍摄设备与被摄对象的距离不同，而造成被摄对象在取景画面中所呈现出的范围有大小的区别。通常以被摄对象在画面中被截取部位的多少为标准来划分，一般分为5种，由远至近分别为远景、全景、中景、近景和特写（图4-12）。

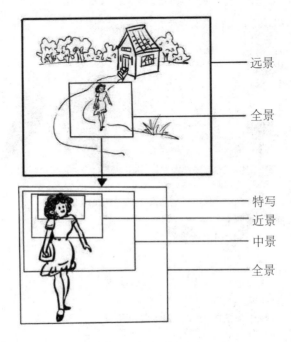

图4-12　景别的类型

（1）远景。

远景拍摄主要表现的是拍摄对象所处的环境画面，通过拍摄主题周围的环境来表达某种氛围或者情绪，不一定非要突出人物。

所以在拍摄远景时，拍摄主体为人物的时候，更多的时候需要用肢体语言来表达，对表情要求不大。

除了这种表达某种情绪、氛围的类型，远景拍摄其实还非常适合服装类目的创作者，可通过周边风景展示服装的整体，比如通过远景拍摄，展示服装适合身材娇小的人穿、适合旅游时穿、适合蹦迪时穿……

远景拍摄比较适合旅游类目的创作者，可以通过风景、山脉、海洋、草原等的展示，来佐证这个地方很舒服、适合旅游、风景很好等论点。

（2）全景。

全景拍摄一般是一个总的角度，所展现的范围较大，画面中是"人＋物＋景"的全貌。

与远景比，全景拍摄会有比较明显的内容中心和拍摄主题。拍摄主题为人的时候，全景拍摄主要凸显人的动作和神态，同时带上些背景（人物周围的物、景）。

在全景拍摄中，周围的场景对人物来说都是陪衬和烘托，环境对人物还有解释和说明的作用。

全景拍摄除了适用于写真照外，还非常适合服装展示、"网红"地点"打卡"、与某个景物"合照"。常见的剧情类、搞笑类短视频创作者也经常使用全景拍摄的方式。

（3）中景。

中景拍摄，主要是拍摄成年人膝盖以上的部分，或者是场景内某些局部的画面。中景拍摄会更加重视人的具体动作。

在大部分剧情类短视频中，采用的都是以中景拍摄为主的方式，通过中景拍摄可以更加清晰地展示人物的情绪、身份、动作等。给足了人物形体动作、情绪的交流空间，当人物间交谈时，画面的结构中心是人物视线的交流、标签以及展现的情绪等。

（4）近景。

近景拍摄，主要是拍摄成年人胸部以上的画面，或者是物体局部的画面。近景拍摄可以非常清晰地展现人物面部的神情，刻画人物性格。

在近景拍摄的时候，五官成了主要的表达形式。

比如，人物在开心的时候便用眉开眼笑表示；悲伤的时候眼角带泪珠，神情悲壮；有顾虑的时候皱眉，眼带忧思等。

近景拍摄往往是通过五官的情绪，让观众感知你的情绪，给观众留下深刻的印象。同时近景拍摄不容易产生距离感，会让观众无形中与角色产生情感交流。

（5）特写。

特写拍摄，一般是拍摄成年人肩部以上的部分，或者是某些极其细节的画面。

比如，妈妈脸上的皱纹、父亲头上的白发。

特写画面内容是单一的，这时候背景一点都不重要，更没有烘托的效果。

特写画面一般用于强化某些内容，或者是突出某种细节。

特写画面通过描绘事物最有价值的细部，排除一切多余形象，从而强化了观看者对所表现的形象的认识，并达到透视事物深层内涵、揭示事物本质的目的。

比如，一只握成拳头的手以充满画面的形式出现在屏幕上时，它已不是一只简单的手，而似乎象征着一种力量，或寓意着某种权力，反映出某种情绪等。

特写一般出现在剧情类，或者带有情绪表达的视频、图片中，出现在短视频中的时候，一般与近景和中景一起出现，并且在短视频中充当场景转换时的画面。

2. 画面构图

构图也可称为"取景"，是指在短视频创作过程中，在有限的、被限定的或平面的空间里，借助拍摄者的技术和造型手段，合理安排画面上各个元素的位置，把各个元素结合并有序地组织起来，形成一个具有特定结构的画面。

视频画面构图的要素包括如表 4-1 所示的几个部分，它们在构图中起着不同的作用，也处于不同的地位。

表 4-1　构图的要素

序号	要素	具体说明
1	主体	主体是画面中的主要表现对象，同时在画面中又是思想和内容表达的重点，还是画面构图结构组成的中心。视频画面中的主体构成可以是一个对象，也可以是一组对象；可以是人，也可以是物
2	陪体	陪体也是画面构图的重要组成部分，它和主体有紧密的联系。主要起陪衬、突出主体的作用，是帮助主体表现内容和思想的对象。在视频构图中，人与人、人与物，以及物与物之间都存在着主体与陪体的关系
3	环境	环境是交代和丰富画面内容的载体，其中包括时间、地点、人物等信息
4	前景	在环境中，人物或景物与主体处在不同的空间位置，主体前方的区域称为前景。前景与主体是一种烘托关系，可以增强画面的空间感，起到均衡画面的作用。有时前景也可以是陪体，在大多数情况下前景是环境的组成部分
5	背景	在主体后方的人物或景物，称为背景或后景。背景和前景相互对应，背景可以是陪体，也可以是环境的组成部分。背景对于烘托画面主体起着重要的作用，可以增加画面的空间层次和透视感

对于短视频拍摄来说，常用的构图方式有以下几种。

（1）九宫格构图法。

九宫格构图法（图4-13）也就是我们常听到的黄金分割法构图方式，是我们在短视频拍摄时经常用到的一种构图方式。

九宫格是利用上、下、左、右四条线作为黄金分割线，这些线相交的点称为画面的黄金分割点，这样的构图可以使主体能够展现在黄金分割点上，从而使画面更加平衡。

一般在全景拍摄时，黄金分割点是被摄主体所在的位置。在拍摄人物时，黄金分割点往往是人物眼睛所在的位置。

图4-13　九宫格构图法

（2）引导线构图法。

引导线构图法（图4-14）是通过线条的拍摄来将视频画面主体的张力更好地表现出来，给人以高大的画面效果，但这种构图方式大多适用于拍摄大远景和远景，比如高楼、树木等。虽然这种类型的构

图4-14　引导线构图法

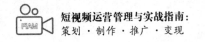
图在短视频内容中比较少见，但是我们可以在拍摄时借助引导线构图方式的精髓，拍摄出广阔博大的感觉。

（3）框架式构图法。

框架式构图，就是利用拍摄环境，在被摄主体前面搭一个"框"作为前景，把主体"围"起来。框架式构图能让主体更突出，让画面有更强的立体空间感；同时，有利于营造神秘气氛，增强画面的视觉观赏性。

如图4-15所示的公园风景，就是采用框架式构图法拍摄的，利用四周的建筑作为框架，将主体放在框中合适位置。

图4-15　采用框架式构图法拍摄的公园风景

"框"的形状多种多样，可以是方形、圆形、半圆形、三角形，也可以是不规则的多边形等；搭建"框"的景物也丰富多彩，例如门洞、山洞、隧道、窗格、树枝等，只要能形成框即可。

框内主体应相对完整独立，如果采用广角镜头拍摄，不能将主体拍得太小，或者改用中焦镜头压缩视角，让主体形象更突出。同时，要注意框架与主体的协调，框架的色彩、形状、亮度等不能过于强烈，以免喧宾夺主。

（4）对角线构图法。

对角线构图法（图4-16）是利用线所形成的对角关系，使视频的画面具有运动感和延伸感，体现出纵深的画面效果，对角线的线条也会使得被摄主体有一定的倾斜度，这样的效果会将受众的视线吸引到画面深处，从而会随着线条的方向改变。当然，这种构图方式中所谓的对角线并不一定是我们规划好的固定的线条，也可以是我们拍摄对象所具有的形状线条或者是当时拍摄条件所形成的光线等。

图 4-16　对角线构图法

（5）中心构图法。

中心构图法（图 4-17）就是将画面中的主要拍摄对象放到画面中间，一般来说画面中间是人们的视觉焦点，人在看到画面时最先看到的会是中心点。这种构图方式最大的优点就在于主体突出、明确，而且画面容易取得左右平衡的效果。这种构图方式也比较适合短视频拍摄，是常用的短视频构图方法。

图 4-17　中心构图法

小提示

中心构图是最不容易出错的一种构图方法，只需把主体放在画面的中心，虽然不一定能拍出特别高级的画面，但也不会很差，是一种比较保险的方式。

（6）三分构图法。

三分构图法（图4-18）是指把画面分成三等份，每一份的中心都可以显示主体形态，适合表现多形态平行焦点的主体。

这种构图法不仅可以表现大空间小对象，还可以表现小空间大对象。

图4-18　三分构图法

使用手机拍摄短视频时，三分线构图一共有7种方法，分别是：上三分线构图，下三分线构图，左三分线构图，右三分线构图，以及横向双三分线构图，竖向双三分线构图，综合三分线构图。

（7）S形构图法。

S形构图（图4-19）让画面充满动感，画面表现出曲线的柔美，可以得到一种意境美的效果，这种形式一般用在画面的背景布局和空镜头中。

图 4-19　S 形构图法

（8）对称构图法。

对称构图法（图 4-20）是指以画面中央为对称轴，使画面左右或上下对称，使画面具有平衡、稳定、呼应等特点，但是这种构图在短视频中过于呆板。

图 4-20　对称构图法

小提示

　　在拍摄短视频时，构图方式的运用并不是单一的，我们可以将两种或者两种以上的构图方式结合起来，但前提是要将画面清晰地展现出来，与画面融合得自然融洽，不会让观看者感觉到突兀。

3.拍摄角度

拍摄角度是指拍摄者利用拍摄设备及取景器进行构图、取景、拍摄时的视角和位置，包含拍摄距离、拍摄方向和拍摄高度3个维度。

（1）拍摄距离。

拍摄距离是决定景别的元素之一，指的是拍摄设备与被摄对象之间的空间距离。在焦距不变的情况下，改变拍摄距离仅影响景别的大小。拍摄距离越远，景别越大；拍摄距离越近，景别越小。

（2）拍摄方向。

拍摄方向是指在同一水平面上围绕被摄物四周所选择的拍摄点（图4-21）。

图4-21　拍摄方向示意

在拍摄距离、拍摄高度不变的情况下，不同拍摄方向呈现不同的构图变化，产生不同的画面效果。

① 正面方向。正面方向拍摄时，镜头在被摄主体的正前方，并与被摄人物的视线或建筑物的朝向基本成一条直线，能表现被摄对象的正面全貌，给人以一目了然的感觉。

拍摄人物时，能看到人物的完整脸部特征、表情和动作，容易让用户产生亲切感和参与感，常用于采访类节目。缺点是不宜表现空间立体感。

② 侧面方向。侧面是指正侧面，即拍摄方向与拍摄对象正面成90度的夹角，侧面构图表现人物形象时，立体感增强，画面有明确的方向性，并产生动势，能很好地表现出被摄者面部和体形侧面的轮廓特征。

正侧面能生动地表现出人物面部及体形的轮廓线条，是拍人物剪影的最佳方向。

正侧角度还能将人的脸部神情、手的动作及身体的形状，不重叠地展现出来，能比较完美地表现人物的动作姿态，比如，跑步、跳跃、跨越、投掷等运动姿态。从正侧面拍摄，容易获得优美的轮廓形态，展现出运动的特点。

③ 斜侧面拍摄。斜侧面是指拍摄方向介于正面与侧面之间的角度，这种方向上的构图能够表现出被拍摄主体正面和侧面两个面的特征，有鲜明的立体感、方向性和较好的透视效果。

从正面到侧面有无数个斜侧方向上的拍摄点，所以在选择拍摄点时，要注意斜侧程度给画面构图带来的变化，角度稍有变化，便会使主体形象产生显著变化。

在进行构图时，前侧角度是比较常用的一种拍摄方位。此角度兼顾拍摄对象正面和侧面的形象特征，而且容易体现景物丰富多样的形象，也打破了构图的平淡和呆板。例如，在拍摄双人画面时，斜侧拍摄可以更好地突出接近镜头的人物形象，凸显两者的主次关系。

反侧角度的拍摄往往体现一种反常的构图意识，能够把拍摄对象的一种特有精神表现出来，获得别具一格的生动画面。当然，反侧角度在摄影创作中使用频率有限，只有少数适当的场景才适合。

④ 背面方向。背面方向拍摄是指在被摄对象的正后方拍摄，这个角度常被摄像师所忽视，其实只要处理得好，也能给人以新意、含蓄之感，尤其是在拍摄人物时，观众不能直接看到人物的面部表情，只能从人物的手势、体态去理解人物的心理状态，给人以悬念和不确定性，有时能起到剪影和半剪影的

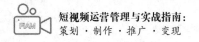
效果。

（3）拍摄高度。

拍摄高度是指镜头与被摄对象在垂直面上的相对位置和高度。拍摄高度一般可以分为平视拍摄、俯视拍摄、仰视拍摄、斜视拍摄等（图4-22）。

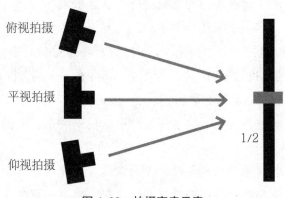

图 4-22　拍摄高度示意

① 平视拍摄。平视拍摄是指拍摄所处的视线与拍摄对象在同一水平线上（图4-23）。在日常拍摄中，这种拍摄高度运用得最多。另外，平视高度也是最不容易出特殊画面效果的高度。平视拍摄的画面往往显得比较规矩、平稳。

图 4-23　平视拍摄效果

② 俯视拍摄。当拍摄处于视平线以下的景物时常用俯视拍摄（图4-24）。用高角度俯视的拍摄角度，就是站在山顶往下看的感觉，比较适合表现主体的构图和大小。

比如，俯视拍摄美食、花卉题材的视频，可以充分展示主体的细节。

俯拍构图也可以根据角度再细分，比如30度俯拍、45度俯拍、60度俯拍、90度俯拍，俯拍的角度不同，拍摄出的视频给人的感受也不一样。

图4-24　俯视拍摄效果

③ 仰视拍摄。当拍摄视平线以上的景物时常用仰视拍摄（图4-25）。用低角度仰拍，可以使主体展现出更加高大的效果。比较适合建筑类的视频画面，展现强烈的透视效果。当然人、汽车、山脉都可以尝试仰视拍摄，你会有不同的体会。

图4-25　仰视拍摄效果

④ 斜视拍摄。这种也属于打破水平线的拍摄手法，就是把镜头倾斜一定的角度，让视频画面产生一定的透视变形，能够让主体更加立体。

比如，拍摄人像视频时，可以更好地展现人物的身材曲线。

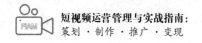
4.光线运用

视频摄影用光的六大基本因素是光度、光位、光质、光型、光比和光色。

（1）光度。

光度是光源发光强度和光线在物体表面的照度以及物体表面呈现的亮度的总称（光源发光强度和照射距离影响照度；照度大小和物体表面色泽影响亮度）。在摄影中，光度与曝光直接相关。从构图上来说，曝光与影调或色彩的再现效果密切相关。

丰富的影调和准确的色彩再现是以准确曝光为前提的。有意识曝光过度与不足也需以准确曝光为基础。所以，掌握光度与准确曝光的基本功，才能主动地控制被摄体的影调、色彩以及反差效果。

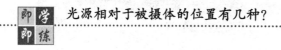 光源相对于被摄体的位置有几种？

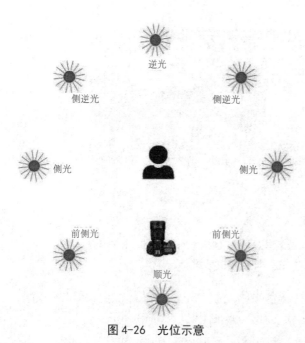

图 4-26　光位示意

（2）光位。

光位是指光源相对于被摄体的位置，即光线的方向与角度。同一对象在不同的光位下会产生不同的明暗造型效果。摄影中的光位可以千变万化，但是，归纳起来主要有顺光、侧光、逆光、顶光以及底光等（图 4-26）。

①顺光。顺光也称正面光，指的是投射方向和拍摄方向相同的光线。相机和灯

光都处于被拍摄人物的同一侧。

顺光拍摄人物，将灯光以水平角度直射人物，使其五官阴影位不明显，如果将灯光角度向上调整的话，下巴、鼻子等部分便会出现阴影。

采用顺光拍摄的短视频，能够让主体呈现出自身的细节和色彩，使画面更具有吸引力。

② 逆光。逆光也叫背光，或者轮廓光、剪影光。是将灯光完全放到主角背后，拍出背光的效果，灯光打亮人物的头发和肩膀，只有边缘位出现亮光，但脸上五官都处在阴影处。

逆光能营造生动的轮廓光线，使画面产生立体感、层次感，增强质感和氛围意境，有艺术感、反差大，有视觉冲击力。

③ 顶光。顶光是指从头顶照射的光线，人物在这种光线下，其头顶、额头、颧骨、鼻头、下巴尖等高起部位被照亮；下眼窝、两腮和鼻子下面等凹处完全处于阴影之中，一般认为顶光属于反常光效，能丑化人物形象。

④ 底光。底光也叫脚光或者鬼光，它和顶光完全相反，是指灯光在人物下方，从下往上照射。脚光能突出鼻子底、眼睛下面和下巴，能清楚显示人物的眼神。

⑤ 侧光。侧光包括前侧光、正侧光、侧逆光。

前侧光一般是指光线从被摄体的侧前方射来，与被摄体成45度角，由于不是正面向人物打光，所以在照亮脸部的同时，更多阴影能够呈现出来，形成两边脸的轻微反差。

正侧光也叫分割光，脸的阴影占据一半，戏剧效果比较明显。我们从水平角度不断移动灯光，可以看到人像脸上光影细节的变化，会形成一边脸亮另一边脸暗的强烈反差。

侧逆光是将光线调至与被摄体成135度角，光线来自被摄体的侧后方，不少电影拍摄都曾采用这种方法，让光线只集中在人物一边脸的小部分位置上，其他部位，比如眼睛、鼻子、嘴等仍然维持在阴影处，使人物感觉更加神秘。

（3）光质。

光质是指拍摄所用光线的软硬性质，光质可以分为硬质光和软质光，如图4-27所示。

硬质光

即强烈的直射光，没有通过其他材料进行透射和反射。如晴天的阳光，或者直接照射在物体上的人造光，如闪光灯、照明灯光等，它们产生的阴影明晰而浓重

软质光

是一种漫散射性质的光，光线经过一定材质透射或反射而变得柔化。不会让被摄对象产生明显的阴影。例如，阴天、雨天、雾天的天空光或添加柔光罩的灯光等都属于典型的软质光

图 4-27　光质的类型

（4）光型。

光型指各种光线在拍摄时的作用，主要有主光、辅光、修饰光、轮廓光、背景光和模拟光等。

（5）光比。

光比指被摄体主要部位的亮部与暗部的受光量差别，通常指主光与辅光的差别。光比大，反差就大，有利于表现"硬"的效果；光比小，反差就小，有利于表现"柔"的效果。

（6）光色。

光色指"光的颜色"或者说"光色成分"。通常把光色称为"色温"。光色无论在表达上还是在技术上都是重要的，光色决定了光的冷暖感，能引起许多感情上的联想。光色对构图的意义主要表现在彩色摄影中。

5. 运镜设计

运镜就是运动镜头，即通过机位、焦距和光轴的运动，在不中断拍摄的情况下，形成视角、场景空间、画面构图、表现对象的变化。

在短视频拍摄中，基本的镜头运动方式包括如图 4-28 所示的几种。

 推　指拍摄时拍摄设备沿直线向前移动，使拍摄的景别从大景别向小景别变化的拍摄手法

 拉　指拍摄时拍摄设备沿直线向后移动，使拍摄的景别从小景别向大景别变化的拍摄手法

绕	指摄影、摄像机位置不动，机身依托于三脚架上的底盘做上下、左右、旋转等运动，使观众如同站在原地环顾、打量周围的人或事物
摇	指摄像机环绕被摄物主体旋转，被拍摄主体或背景呈旋转环绕效果的拍摄手法
升	指摄影机从平摄慢慢升起，形成俯视拍摄，以显示广阔的空间
降	指摄影机下降拍摄，常用于展示环境中突出的人或物
移	指拍摄设备拍摄时镜头方向与拍摄设备移动方向呈直角，而拍摄设备移动速度相对固定、景别相对不变的拍摄手法
跟	指拍摄设备拍摄一个运动对象时，随拍摄对象运动速度、方向一致的跟随拍摄手法
甩	指拍摄时以拍摄设备为轴心，快速从一个固定场景摇到另一个固定场景的拍摄手法

图 4-28　运镜方式

课程
思语

在短视频拍摄过程中我们强调拍摄的构图、运镜、打光等细节，是为了更好地突出主题，给用户更好的视觉呈现效果。这些细节的打磨需要有一双愿意发现美的眼睛和置身美的氛围中感受美的心态。在实践中提高审美感官的灵敏度、活跃性和统摄力。

第三节　短视频剪辑技巧

短视频后期剪辑是短视频制作中的一个关键环节，它不只是把某个视频素材剪辑成多个片段，更重要的是如何把这些片段更好地整合在一起，以便更加准确地突出短视频的主题，让短视频结构严谨、风格鲜明。

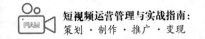
一、镜头组接的编辑技巧

镜头组接指的是两个镜头拍摄的画面有逻辑性、有连贯性、有创意性和有规律性地连接在一起，展示情节内容。

在短视频后期编辑过程中，创作者可以利用相关软件和技术，在需要组接的镜头画面之间使用编辑技巧，使镜头之间的转换更为流畅、平滑，并产生一些直接组接无法实现的视觉及心理效果。镜头组接可以借助剪辑软件自带的转场效果实现，也可以在拍摄过程中，通过摄影师有意识地拍摄，构成一种镜头间的逻辑关系，进而完成场景与场景、事件与事件之间镜头的组接。比如通过拍摄人物出画入画、镜头内容前后承接、镜头的运动以及相似的两个动作或是场景等方法实现镜头组接。

二、剪接点的选择

两个镜头相衔接的地方即是剪接点，也就是镜头切换的交接点，准确掌握镜头的剪接点能保证镜头切换流畅，因此，剪接点的选择是视频剪辑最重要最基础的工作。

1. 动作剪接点

动作剪接点主要以人物形体动作为基础，以画面情绪和叙事节奏为依据，结合日常生活经验进行选择。对于运动中的物体，剪接点通常要安排在动作正在发生的过程中。在具体操作中，则需要找出动作中的临界点、转折点和"暂停处"作为剪接点。

2. 情绪剪接点

情绪剪接点主要以心理动作为基础，以表情为依据，结合造型元素进行选取。具体来说，在选取情绪的剪接点时，需要根据情节的发展、人物内心活动以及镜头长度等因素，把握人物的喜、怒、哀、乐等情绪，尽量选取情绪的高潮作为剪接点，为情绪表达留足空间。

3. 节奏剪接点

在选取画面节奏剪接点时，要综合考虑画面的戏剧情节、语言动作和造型特点等，可以固定画面快速切换产生强烈的节奏，也可以选取舒缓的镜头加以组合产生柔和、舒缓的节奏，同时还要使画面与声音相匹配，使内外统一，节奏感鲜明。

4.声音剪接点

声音剪接点的选择以声音的特征为基础，根据内容的要求以及声音和画面的有机关系来处理镜头的衔接，它要求尽力保持声音的完整性和连贯性。声音剪接点主要包括对白的剪接点、音乐的剪接点和音效的剪接点三种。

 选择：动作剪接点要以什么为基础？

A.人物形体动作　B.心理动作　C.戏剧情节

三、转场的方式及运用

1.无技巧转场

无技巧转场是指通过镜头的自然过渡来实现前后两个场景的转换与衔接，强调视觉上的连续性。无技巧转场的思路产生于前期拍摄过程，并于后期剪辑阶段通过具体的镜头组接来完成，其思路如表4-2所示。

表4-2　无技巧转场的思路

序号	名称	内容
1	出画入画转场	通过主人公走进画面或走出画面，形成场景间的转换
2	两级镜头转场	通过镜头景别的两级来构成转场因素，比如把特写转场和空镜（远景）转场结合起来使用
3	遮挡转场	指利用大自然和人工制造的遮挡物体、气体、烟雾、光影等，在它们遮挡银幕、屏幕（也是指镜头）的一刹那，十分自然地完成场景的转换

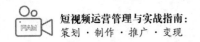

续表

序号	名称	内容
4	承接转场	上一个镜头的动作或内容，构成下一个镜头动作或内容的结果理由
5	声音转场	将后一个场景的声音前置到前一个场景中，使观众对接下来的场景有一个天然的认知
6	相似性转场	两个动作或是场景有相似的地方
7	运动镜头转场	跟随被摄主体拍摄，构成空间位移的转换

2. 有技巧转场

有技巧转场是指在后期剪辑时借助剪辑软件提供的转场特效来实现转场。有技巧转场可以使观众明确意识到前后镜头之间与前后场景之间的间隔、转换和停顿，使镜头自然、流畅，并产生一些无技巧转场不能实现的视觉及心理效果。几乎所有的短视频编辑软件都自带许多出色的转场特效。

四、声音的处理

声音一般包含音量、音高、音色这三大特性，这些特性是我们在日常生活经验中所熟悉的。

1. 短视频中声音的类型

现实生活中，声音可以分为人声、自然音响和音乐。短视频作品的创作源于生活，因而短视频的声音也有如图4-29所示的三种表现形式。

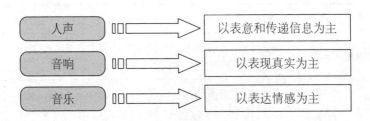

图4-29　短视频声音的表现形式

以上三种声音功能各异，在短视频作品中，它们虽然形态不同，但相互联系、相互融合，共同构筑起完整的短视频声音空间。

2.声音的录制与剪辑方式

声音录制方式不同，声音剪辑方式也不相同，具体如图4-30所示。

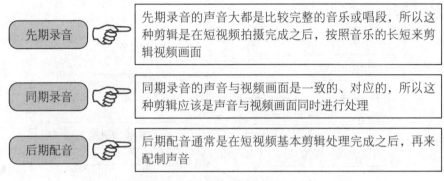

图4-30　声音的录制与剪辑方式

3.短视频音乐的选择

完成短视频的编辑处理后，为短视频添加音乐是大部分创作者都比较头痛的事，因为音乐的选择是一件很主观的事情，它需要创作者根据视频的内容主旨、整体节奏来选择，没有固定的标准。一般来说，在为短视频选择音乐时，可参考如图4-31所示的要点。

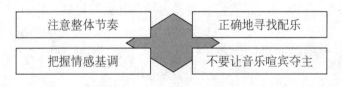

图4-31　短视频音乐的选择技巧

五、短视频节奏处理

1.短视频节奏分类

短视频节奏包括内部节奏和外部节奏，是叙事性内在节奏和造型性外在节

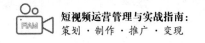

奏的有机统一，两者的高度融合构成短视频作品的总节奏。

2.短视频节奏剪辑技巧

在短视频的后期编辑处理中，剪辑节奏对总节奏的最后形成起着关键作用。所谓的剪辑节奏是指运用剪辑手段，对短视频作品中镜头的长短、数量、顺序进行有规律地安排所形成的节奏。创作者可参考如图 4-32 所示的技巧来处理短视频的节奏。

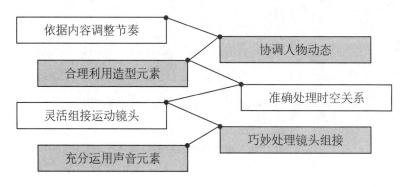

图 4-32　短视频节奏剪辑技巧

六、短视频色调处理

色彩可以对人们形成一种刺激，它的效果不仅在视觉上，而且会对人们心理上造成一定影响。所以相应的色彩融入短视频中，无形中会增强所拍摄短视频画面的表现力和感染力，人们在观看短视频时更容易融入其中。

1.色彩与情感表达的关系

色彩会传达出人的一些情绪，因此要想给拍摄的短视频加上灵魂，就一定要对色彩所能表达的情感有所了解。

想要表现压抑、苦闷、恐惧的情绪一般可以用冷色调。冷色调更能营造出一种肃杀感，一般在悬疑恐惧的视频中出现的次数较多。暖色调比较适合表现神秘的气氛，比如寂静的黑夜中有一盏灯，这样的画面融入暖色调后，会让画面有一种反差，显得神秘诡异。而饱和色调可以让场景更加奇幻，电影中关于一些梦境、幻境的画面，颜色都比较鲜亮，如正红色、正橘色等。

比如，黑白色让人怀旧；红色让人感到温暖热情；蓝色可以让人获得一种旁观者的感觉，更客观冷静。

2. 色调的处理技巧

短视频的色彩由不同的镜头画面色调、场景色调、色彩主题按一定的布局比例构成，占绝对优势、起主宰作用的色调为主色调，又叫基调。

（1）自然处理方法。

这种方法主要是追求色彩的准确还原，而色彩、色调的表现任务处于次要地位。在拍摄过程中，先选择正常的色温开关，再通过调整白平衡来获得真实的色彩或色调。

（2）艺术处理方法。

任何一部短视频作品，总会有一种与主题相对应的总的色彩基调。色调的表现既可以是明快、温情，也可以是平淡、素雅，还可能是悲情、压抑。色调与色彩一样，具有象征性和寓意性。色调的确定取决于短视频题材、内容、主题的需要，色调处理是否适当，对作品的主题揭示、人物情绪表达有着直接的影响。

七、短视频字幕处理

1. 字幕的作用

字幕可以帮助人们更好地接收视频信息。给短视频添加字幕，可起到如图 4-33 所示的作用。

作用一	字幕具有标识和阐释作用
作用二	字幕具有造型作用，主要体现在字幕的字体、字形、大小、色彩、位置、出入画面方式及运动形态等方面
作用三	短视频字幕作为一种构图元素，除了标识、表意、传达信息之外，还具有美化画面、突出视觉效果的作用

图 4-33　字幕的作用

2. 字幕制作要点

字幕制作要点如图 4-34 所示。

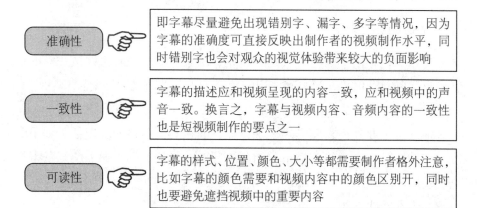

准确性 —— 即字幕尽量避免出现错别字、漏字、多字等情况，因为字幕的准确度可直接反映出制作者的视频制作水平，同时错别字也会对观众的视觉体验带来较大的负面影响

一致性 —— 字幕的描述应和视频呈现的内容一致，应和视频中的声音一致。换言之，字幕与视频内容、音频内容的一致性也是短视频制作的要点之一

可读性 —— 字幕的样式、位置、颜色、大小等都需要制作者格外注意，比如字幕的颜色需要和视频内容中的颜色区别开，同时也要避免遮挡视频中的重要内容

图 4-34　字幕制作要点

即学即练　短视频字幕制作要点有哪些？

3. 短视频合适字体的选择

字幕形式的设计，要根据短视频的定位、题材、内容、风格样式来确定。

（1）常用中文字体的选择。

常用的中文字体主要有宋体、楷体、黑体等。

宋体棱角分明，一笔一画非常平直，横细竖粗，适合偏纪实或风格比较硬朗、比较酷的短视频，例如纪录类、时尚类或文艺类等。

楷体属于一种书法字体，书法字体有一个特点就是比较飘逸，大楷比较适合庄严、古朴、气势雄厚的建筑景观或传统、复古风格的短视频。

还有一些经过特别设计的书法字体，这类书法字体都有很强的笔触感，很有挥毫泼墨的感觉，非常适合风格强烈的短视频。

黑体横平竖直，没有非常鲜明的特点，因此，黑体也是最百搭、最通用的字体。如果无法确定应该为短视频字幕选择哪种字体，选择黑体基本不会出错。

（2）常用英文字体的选择。

英文字体可以分为衬线字体和无衬线字体。

衬线字体的每一个字母在笔画开始、结束的地方都有额外的修饰，笔画粗细会有差异，使字体表现出一种优雅的感觉，适合复古、时尚、小清新风格的短视频。

无衬线字体是相对于有衬线字体而言的，无衬线字体就是指在字体的每一个笔画结构上都保持一样的粗细比例，没有任何修饰。与有衬线字体相比，无衬线字体显得更为简洁、富有力度，给人一种轻松、休闲的感觉。无衬线字体很百搭，比较适合冷色调或未来感、设计感较强的短视频。

4. 字幕的排版与设计技巧

除非是短视频主题内容的需要，否则尽量不要使用装饰性太强的字体，初学者往往喜欢选择一些花哨的字体，但是越花哨的字体越容易产生"土"的感觉，要谨慎使用。

完成短视频字幕字体的选择之后，需要考虑将字幕放置在短视频画面的什么位置。

课程思语

一部优秀的短视频作品，要求剪辑师既具有良好的专业能力，又拥有锲而不舍的敬业精神、精益求精的工作态度、笃行务实的工作作风、勇于创新的工作方法，能践行大国工匠精神，将敬业、精益、专注、创新充分体现在工作实践中。

 知识拓展

常用短视频剪辑软件

现在的短视频剪辑软件有很多，移动端、PC 端的都有，下面简要介绍

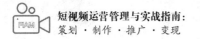
几款常用的短视频剪辑软件。

1. iMovie

iMovie 是一款由苹果公司出品的剪辑软件,支持 Mac 设备和 iOS 系统,界面非常简洁,大多数操作通过基本的点击和拖曳就可以实现。iMovie11 的新增功能包括影片预告、全新音频编辑、一步特效、人物查找器、运动与新闻主题、全球首映等。

iMovie 操作界面截图

无论是使用 iPhone、iPad 还是 Mac,制作影片都非常简单。只需选择视频片段,然后添加字幕、音乐和特效即可。还可借助魔幻影片或故事板,进一步打磨作品。同时,iMovie 剪辑支持 4K 视频,可制作令人震撼的影院级大片。

2. 快剪辑

快剪辑是 360 公司推出的剪辑软件,支持 iOS、安卓设备。它有以下几大亮点。

(1)操作很简单,刚打开软件时还会有功能教程。导入视频素材后可以看到,无论是横屏还是竖屏素材,配比都很舒服,这款软件综合了拍摄、剪辑、后期特效等多重功能,能满足大部分的剪辑要求。

(2)有炫酷的"快字幕"功能,录视频时自动出现字幕,准确率高,个别不准确的词组可以自行编辑调整。

（3）集合了爱奇艺、优酷、今日头条、企鹅号等众多媒体视频平台，可轻松实现一键分享，推广视频内容。

3. Videoleap

Videoleap 是一款能够实现专业性与易用性为一体的视频剪辑软件，从素材混合到蒙版、特效、字幕、色调调整、配乐、过场动画等，创作者可以发挥想象力去创作。Videoleap 支持 iOS、安卓、PC 端等设备。

4. Adobe Premiere Pro

Adobe Premiere Pro，简称 Pr，是 Adobe 公司开发的一款视频编辑软件，它有很多种版本，且兼容性较好，被广泛应用于广告制作、电视节目制作等场景中。它有以下几大优势。

（1）Premiere 提供了采集、剪辑、调色、美化音频、字幕添加、输出、DVD 刻录等一整套流程，它还能对视频素材进行各种特技处理，包括切换、过滤、叠加、运动及变形等。

（2）兼容性强，能和 Adobe 公司推出的其他软件相互协作，如 After Effects、Photoshop 等。

但是，Premiere 也有局限性，因为其专业度高，操作难度比较大，比较适合有剪辑经验的人员使用。

5. 小影

VivaVide（小影）是一个面向大众的短视频创作工具，集视频剪辑、教程玩法、拍摄为一体，具备逐帧剪辑、特效引擎、语音提取、4K 高清、智能语音等功能。具有以下优势。

（1）全能：拥有所需要的剪辑功能。

（2）简单：一键滤镜、一键转场、一键美颜、一键分享各大主流社交平台。

（3）智能：音频随心提取，实时 3D 人脸特效。

（4）迅速：飞速导出各种分辨率（720P/1080P/2K/4K），VIP 会员不限时长。

6. 剪映

剪映是抖音官方推出的剪辑软件，剪辑功能十分精致，有视频同框、快速录屏以及教程玩法等功能，卡点模板十分丰富，与抖音最火卡点模板同步更新，对新手友好。而且配乐功能十分完善，可以从抖音直接收藏最火音乐，还可以导入本地音乐，对剪辑"小白"很友好。比如长按选中视频就可以变换它所在的顺序，头尾可以轻松剪辑或在中间进行分割和卡点等操作。

自 2021 年 2 月起，剪映可在手机移动端、Pad 端、Mac 计算机、Windows 计算机全终端使用，具有以下优势。

（1）剪辑黑科技：支持色度抠图、曲线变速、视频防抖、图文成片等高阶功能。

（2）简单好用：切割变速倒放，功能简单易学，留下每个精彩瞬间。

（3）素材丰富：精致好看的贴纸和字体，给视频加点乐趣。

（4）海量曲库：抖音独家曲库，让视频更"声"动。

（5）高级好看：专业风格滤镜，一键轻松美颜，让生活一秒变大片。

（6）免费教程：创作学院提供海量课程免费学，让人边学边剪易上手。

7. 爱剪辑

爱剪辑是一款全能的免费视频剪辑软件，支持 iOS、安卓、PC 端设备，用户不需要理解"时间线"等专业词汇就能实现零基础剪辑。除了丰富的滤镜功能、炫酷转场、MTV 字幕、去水印等功能外，爱剪辑官网还提供了强大的学习教程。

第五章

做好运营，打造百万流量聚集地

▶ **知识目标**

1. 熟知短视频优化包装方法。

2. 熟知短视频推广方式。

3. 了解短视频"粉丝"维护的方法。

4. 知道短视频账号矩阵理论。

▶ **技能目标**

1. 实现短视频账号内容优化。

2. 合理运用各种方式推广短视频。

3. 采用多种方法维护短视频"粉丝"。

4. 采用矩阵方式为短视频账号引流。

▶ **课程目标**

培养读者共情能力和互联网营销流量思维，提升沟通互动能力，引导读者树立诚实守信、求真务实的营销价值观。

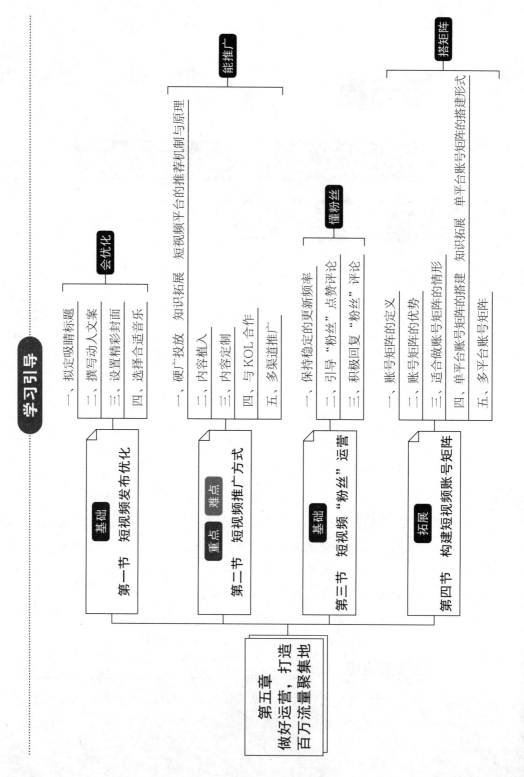

学习引导

第五章 做好运营，打造百万流量聚集地

基础 第一节 短视频发布优化
会优化
一、拟定吸睛标题
二、撰写动人文案
三、设置精彩封面
四、选择合适音乐

重点 难点 第二节 短视频推广方式
能推广
一、硬广投放 知识拓展 短视频平台的推荐机制与原理
二、内容植入
三、内容定制
四、与KOL合作
五、多渠道推广

基础 第三节 短视频"粉丝"运营
懂粉丝
一、保持稳定的更新频率
二、引导"粉丝"点赞评论
三、积极回复"粉丝"评论

拓展 第四节 构建短视频账号矩阵
搭矩阵
一、账号矩阵的定义
二、账号矩阵的优势
三、适合做账号矩阵的情形
四、单平台账号矩阵的搭建 知识拓展 单平台账号矩阵的搭建形式
五、多平台账号矩阵

萌宠账号 短视频领域的宠儿

如今，越来越多的年轻人喜欢养宠物，尤其是宠物猫狗。有小动物在身边陪伴，是一件十分有趣的事情。当你结束一天的工作学习回到家后，享受与小动物们相处的时光，会感到无比的轻松与惬意。特别是当它们已经成为家中一员时，这种快乐是其他任何东西都无法替代的。

养宠物之后，很多人发现当自己遇到什么烦心事时，家里的宠物会第一时间陪在主人身边，安慰主人。心理学家艾瑞克·埃里克森认为，在20～40岁的青年期，人类心理发展的主要任务是获得亲密感，避免孤独感。对于在大城市打拼的年轻人，养宠物成为其获得亲密感的替代性选择。

除了一些宠物主，还有很多短视频受众虽然自己没有饲养宠物，但是很喜欢可爱的事物，喜欢各类萌宠，所以在目前的短视频平台上，宠物类账号备受欢迎，其中不乏一些已经拥有千万"粉丝"的大号，就比如抖音平台的"王泡芙"，截至2022年年底已拥有了两千多万"粉丝"。

思考：

1. 浏览"王泡芙"账号视频，分析其标题、文案、封面有何特点。

2. 寻找"王泡芙"账号中添加了标签的作品，分析其在哪些作品上会添加标签？为什么要这样做？

3. 之所以能成为拥有千万"粉丝"的账号，"王泡芙"在与"粉丝"互动方面做得也非常好，分析其是如何与"粉丝"互动的。

第一节 短视频发布优化

在短视频创作中，虽然内容是核心，但是要想使短视频传播得更快、更广、

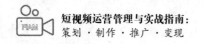
更深入人心，短视频创作者就要在发布短视频之前对短视频进行优化包装，主要包括标题、文案、封面，这些元素会在很大程度上影响短视频的形象，进而影响短视频的传播效果。

一、拟定吸睛标题

标题决定了文章的打开率，其实对短视频来说，标题也同样重要。标题是用户看到短视频的第一印象，好的标题能立刻吸引用户的注意，让用户能继续看下去，从而影响平台的推荐算法，慢慢扩大账号影响力。可以这样说，如果你的标题不吸引人，你千辛万苦制作的内容很有可能石沉大海。

1.短视频标题的特性

短视频的标题具有图 5-1 所示的特性。

图 5-1　短视频标题的特性

即学即练　　提问：为什么短视频标题设计很重要？

2.短视频标题的写法

好的短视频标题除了吸引人点击外，还有着一定的社交货币作用，与图文标题一样，短视频标题有时候可以道出用户的心声，起到传播的作用。以下是常见的几种短视频标题的写法。

（1）设置悬念。

这类标题都是"话说一半"，故意留个悬念引发好奇心。往往在标题里加上"万万没想到""最后结局亮了"等关键词。

比如：

老师现场提了一个问题，同学的回答亮了；

六岁小朋友单挑姐姐，结局万万没想到。

使用这类标题，重点在于视频本身的内容。要保证你的视频内容能满足用户的期待，千万不能虎头蛇尾，否则很容易引起用户的反感。

（2）利益诱导。

这类标题能让用户迅速获取这条视频的价值所在，直截了当给出利益关系，让用户切实感受到可以提升自身技能或知识，产生一种"事半功倍"的心理。

比如：

干货！10个标题模板帮你打造爆款视频；

学会这3招，让你进阶 Excel 大神。

这类视频的账号需要从定位的用户人群出发，分析用户特点，提炼出用户的需求，再针对性地给出价值。

（3）列举数字。

标题中带数字是比较常见的手法，通过数字让你的视频更具说服力和吸引力，同时也更能展现出你的视频要点，这里可以分为两类。

第一类，反差效应。通过数字让用户形成强烈的心理反差，打破自己以往的认知。用户认为这条视频的内容比较独特，即使知道标题有些夸张，但还是想要一探究竟。这类视频适合教学、技巧性的内容。

比如：

3分钟让你学会倒车入库；

100种简单减脂午餐教学；

这个小技巧，99%的人都不知道。

第二类，内容拆解。可以通过"3个步骤""5个技巧"这类数字，快速告诉用户这条视频的内容逻辑是什么，很容易让用户想知道到底是哪3个步骤，

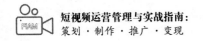

用户观看时目的性也较强，学习视频里的知识点也更有效果。

比如：

掌握这3点，轻松玩转母婴行业私域运营；

真正聪明的人从不走捷径，而是懂得三个底层规律。

（4）提出疑问/反问。

疑问类型的标题往往能够引发用户强烈的好奇心，抛出一个观点进行反问，用户会进行思考，然后迫切地想要知道答案，就会继续观看视频的内容。

比如：

中层管理者需要什么样的能力？

有经验的管理者是如何带团队的？

突然被公司辞职，该如何维权？

通常这种标题适合"干货"、科普类型的内容，可将视频主要内容凝练成一个观点进行反问。

（5）时效型。

时效型标题对应的内容，通常是对最新的资讯或是新闻的报道，在时间上会给用户一种紧迫感。

比如：

就在刚刚，微信更新了最新版本；

最新××政策公布！

通常可以在标题开头使用"刚刚""近期""最新消息"等字眼，引发用户求知的心理，当然这也要求你的内容足够"新"。

（6）目标指向型。

这种类型的标题，目标用户较为明确。视频内容就是针对本身的账号受众群体，用户看到以后会不由自主地自我代入。比较适合内容较为垂直的账号。

比如：

整天熬夜加班的注意了；

考四六级的小伙伴看过来了；

小个子如何穿出一米八既视感。

（7）结合热点。

在标题中加与热点事件相关的词，极易提升视频热度，也就是大家常说的"蹭热点""借势营销"。

比如：

刘××全网火爆的毽子操教学；

天舟四号货运飞船厉害在哪？

这类视频内容可以从多个角度出发，主要还是按照账号自身定位来选择。

（8）引发争议。

这类短视频标题很容易引发用户之间的讨论，吸引大量用户的注意力。

比如：

上海和深圳对比，未来你更看好谁？

咸豆腐脑 vs 甜豆腐脑，你更喜欢哪个？

但是这种标题的使用场景有一定的局限性，观点要有理有据，不要失之偏颇，否则很容易引火上身。

（9）引起共鸣。

这类视频的特点是可以引起用户的思考、反思、回忆，从而引起用户的"共鸣"，很容易让用户分享转发。

一般这类视频标题带有一些情绪化的字眼，例如"暖心""泪目"等，能准确击中用户的内心。

比如：

喜欢和爱的区别；

网友无意拍到外卖小哥，让人瞬间泪目；

街头发生一幕让人鼻酸。

这类账号要对垂直用户的心理洞察得极为准确，不同的社会群体、不同的年龄层都有不同的共鸣。

课程思语

共情是体会他人情绪和想法的能力，共情能力来源于对他人情况的把握，你对对方了解越深，你越容易做到共情。视频创作者也需要培养共情能力，感受和体会素材中人物的真实情感，才能创作出有感染力、能引发共鸣的作品。

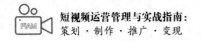

（10）名人效应。

名人本身自带流量，在标题带上"名人"，会吸引更多用户的关注。

比如：

××：40 岁我悟透了成功的关键；

×× 的三句话气坏 14 亿国人。

这类视频要注意账号的定位，如果是商业类的账号就适合带一些企业家名人，如果是娱乐类账号就适合带一个明星，最好要带和自身行业相关的名人，不要出现风马牛不相及的情况。

3. 撰写标题的注意事项

除了写好标题以外，创作者还有几个关键点需要注意。

（1）固定模板。

在设计封面标题时，最好形成统一的风格和模板，包括色调、字体、大小等，每次只需要替换文字即可。千万不要将模板更换得太频繁，否则对账号的调性影响很大。

（2）做好 A/B 测试

如果有条件最好进行 A/B 测试，即在同一时间维度，测试不同标题带来的效果。可以同时发布不同标题的视频，基于数据进行分析，留下最好的标题模式，再进行优化调整。

4. 避免起标题的"雷区"

（1）标题避免生僻字、冷门词。这样的词语会影响受众，不利于推荐。

（2）标题忌低俗。标题不要含有暴力、低俗的词语，否则很容易审核不通过。

（3）标题字数不宜过多。以 15 ~ 20 字为宜，字数太多会影响用户的观看体验。

（4）标题避免缩写词汇。很多人喜欢用一些行业名词的缩写，这样可能会导致内容的推荐量和点击量降低。

（5）标题避免用绝对词汇。如果你的视频想要进行投放，切忌出现绝对的词语，如"最""第一"等词汇，很大概率是通不过投放审核的。

（6）远离敏感词汇。关于平台敏感词可以直接百度查询，尽量不去使用。

二、撰写动人文案

1. 撰写文案的步骤

短视频创作者要想撰写出打动人心的文案，一般要经过如图 5-2 所示的几个步骤。

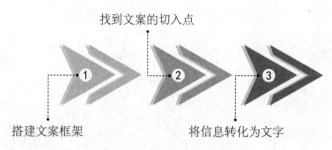

图 5-2　撰写文案的步骤

2. 文案的常见类型

目前，比较常见的短视频文案主要有以下几种类型。

（1）互动类。

在互动类视频中，常应用疑问句和反问句，且多留开放式问题，这样容易激起观众互动。

比如，"有你喜欢的吗？""你有这样的朋友吗？"

（2）叙述类。

叙述类视频可选用富有场景感的故事 / 段子吸引人，真实的现实场景更能给用户代入感，引发感触和思考。若自顾自地把故事讲完，则互动性较差。

比如，"认识两年的一个理发师，只能在走廊里抽空吃个外卖，'漂着'的人都不容易啊"。

（3）悬念类。

制造悬念，说一半留一半，勾起用户兴趣，从而吸引其继续观看。

比如，"一定要看到最后""最后那个笑死我了哈哈哈""最后一秒颠覆你的三观"。

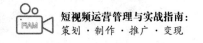

（4）段子类。

段子类视频的文案，内容往往只是生活中发生的"接地气"的一些小事，加以文字描述，可带给观众欢乐。对于新人或者脚本撰写能力不强的人，可以参考一些段子，先模仿再创新。

比如，"听完这首歌我拿出我爸的香烟，想衬托出自己是个沧桑的男人，但美好的画面却在我妈提前回来的那一刻定格了，当我们俩四目相对，我并没有慌张，而是眯着眼对我妈说，小芳，这么早就回来了？"

（5）共谋类。

共谋类视频，指的是与观众共情、共勉，如励志、同情、真善美等。人们希望他人看到的自己，是自己所希望的那个样子，所以如果你能与他（她）共情，谁会拒绝变得更好呢？

比如，"3 个月从 160 斤减到 112 斤……原来我们都可以做到"。

（6）恐吓类。

恐吓类视频文案是让用户产生自我怀疑，进而去点开短视频了解更多信息。

比如，"我们每天都在吃的水果，你真的懂吗？""每天敷面膜，你不怕吗？"

3. 撰写文案的技巧

（1）文案字数要精简。

短视频的核心是短平快，所以我们的文案也需要尽量精简，最好为 15 ~ 20 字，既让用户轻松找到重点，读懂其中的意思，又不会产生视觉疲劳。

（2）抓精准关键词，获取平台精准推送。

平台推荐机制是通过抓取文案关键词，来推送受众人群。

比如，做美食类短视频，那么带有"美食"相关的词，就会被平台抓取，推送给关注美食的人群，这样就会大大提高短视频上热门的概率。

（3）善于抓住爆点关键词。

爆点关键词的中心是爆点，它不同于精准，更多的是当下热门话题，如"××疫情""热射病""90 后""00 后"。

比如，"超 × 亿中国人存在睡眠障碍"和"很多中国人存在睡眠障碍"相比，显然前面的标题更具关注度和话题性。

三、设置精彩封面

短视频封面的好坏决定了短视频的点击率和播放量，如果没有一个好的封面，就算短视频的内容再精彩也可能无人问津。短视频封面足够吸引人，才能为短视频带来更多的流量。

1.封面应符合的要求

一个好的短视频封面应符合如图 5-3 所示的要求。

图 5-3 短视频封面应符合的要求

2.封面设计技巧

封面设计的技巧主要有如图 5-4 所示的几种。

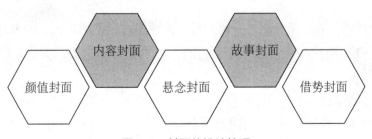

图 5-4 封面的设计技巧

（1）颜值封面。
颜值封面顾名思义就是美观、视觉效果好的封面，能够给人一种赏心悦目

157

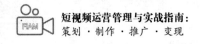
的感觉。

这种封面更多适用于美食类、旅游类短视频。如将经过美化、加工后变得更诱人的美食图片设置成视频封面，能够快速吸引用户的目光，让用户联想到实物，随之就会点进去看。

旅行类短视频就更不用说了，只有风景好看用户才会想要点击进去，体验一下心旷神怡的感觉。

（2）内容封面。

这种封面类型就是把提炼出来的短视频核心内容放在封面上，给用户带来一种直截了当、内容很有价值的感觉。因为简单明了的核心信息，可以快速地直抵用户内心，迅速抓住用户的注意力，激起他们的兴趣，让他们想要点击进去观看。

这种封面在知识技能、方法"干货"类的短视频中运用得最多。

（3）悬念封面。

这种封面一般运用设置悬念的方法，通过在封面上加上吸引人的文字标题或者人物画面，激起用户的好奇心，引导用户点进去观看短视频内容最后的结果。

悬念封面最后呈现的结果虽然不一定要完全出人意料，但是一定要有结果，否则会让用户觉得受到欺骗，随后可能取关账号。

（4）故事封面。

故事封面是指封面图以一个简短的故事为背景，再附上部分文字介绍，即抓住大家都喜欢听故事的特性，制作出能调动用户情绪、达到共鸣的封面图。

这种封面上的故事介绍，一定要与短视频的内容息息相关。如果毫无关系，只是为了吸引用户注意而随意添上去的，那就会得不偿失，要面临用户取关、举报的后果。

（5）借势封面。

这种类型的封面是指封面内容借助最新的新闻热点话题以及事件。因为热点事件自带流量，可以让用户浏览封面时快速点进去，继续一探究竟。

在制作这类封面时，一定要把握好尺度，否则可能会因为借势不当，招来用户谩骂，给账号抹黑。

判断：悬念封面一般是运用设置悬念的方法，通过在封面上加上吸引人的文字标题或者人物画面，激起用户的好奇心，引导用户点进去观看，了解短视频内容最后的结果如何。

3. 封面设计的注意事项

（1）画面整洁。

很多人喜欢在封面上写很多信息，堆砌很多花哨的元素，这种堆砌会让整个封面没有重点，降低封面的美观度。在设计短视频封面的时候，务必要注意保持画面简洁明了，因为第一印象很重要。

（2）图片完整清晰。

封面是视频的门面，图片和文字标题都是信息的载体。标题说明重点信息，要简洁明了，图片要保证像素清晰，这是最基本的要求。

（3）封面与标题相关联。

一般情况下，如果用户对你的封面内容感兴趣，那他就会对视频内容产生期待，从而点开你的短视频。但是，如果点开视频后，发现内容和封面信息毫无关联，用户就会有一种受欺骗的感觉，从而对你产生不好的印象。所以，千万不要为了"蹭热点"而胡乱制作封面，这样容易让人产生认知模糊，从而流失用户。

四、选择合适音乐

BGM 是短视频的灵魂。一首适合的背景音乐，不仅可以先声夺人，"抓住"用户的耳朵，还有可能起到锦上添花、化腐朽为神奇的效果，助力你的视频受到广泛关注。想要做好短视频，短视频背景音乐的选择很重要，一定要选好。

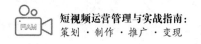

1. 选择 BGM 的要求

不同的视频账号、不同的产品，有不同的受众，而不同的受众对于音乐的喜好是不同的。所以在进行短视频背景音乐选择的时候，一定要根据你的受众，选择账号、产品最适合的 BGM，具体要求如图 5-5 所示。

图 5-5　选择 BGM 的要求

比如，美妆护肤类账号，目标消费群体主要是年轻女性，就可以选择一些流行的音乐。又如，男士穿搭类账号，目标人群是二十左右的男孩，可以选择一些酷一点的流行音乐；目标人群是中年男性，可以选择一些成功励志性的背景音乐。

2. 选择 BGM 的注意事项

（1）注意视频感情基调。

BGM 的选择，要符合短视频整体表达的主题和想要传达的情绪，要符合整体的感情基调，假如是一本正经的法律知识科普视频，配以特别欢快的音乐就会显得很怪异。

（2）注意视频整体节奏。

除了叙事、偏情节类的短视频外，大部分的短视频节奏和情绪都是由背景音乐带动的。短视频节奏和音乐匹配度越高，画面代入感越强，所以在选择背景音乐之前，要分析一下视频大致的节奏之后再做选择，这样才能让素材和音乐更完美地融合在一起，让短视频剪辑出来后更有看点。

（3）不要让音乐喧宾夺主。

背景音乐的作用是画龙点睛，要起到一种"虽有似无"的感觉，切勿让其遮盖了内容本身的锋芒。

第二节 短视频推广方式

流量是短视频的基础，决定着互动、"粉丝"，甚至变现。对于短视频运营者来说，要想获得更多的流量，就要做好短视频推广与引流的工作。短视频推广与引流既要遵循短视频平台的推荐价值，又要借助一定的技巧和工具，双管齐下。

一、硬广投放

硬广（即硬性广告）投放是目前短视频平台中最简单直接的投放方式，指的是通过付费的形式来曝光产品，也就是优化师口中的"买流量"，是直营电商最常用的营销手段。

下面以抖音为例，简要介绍硬广投放的方式和付费渠道。

1. 抖音广告投放方式

（1）利用标签化投放。

抖音利用大数据信息，通过消费者智能数据，分析他们的喜好，进行品牌人群的精准分类定位，进行标签化、年龄化、地域化区分营销投放。

（2）利用抖音平台的投放方式。

利用抖音平台的投放方式主要有如表5-1所示的几种。

表5-1 利用抖音平台的投放方式

序号	投放方式	具体说明
1	开屏广告	开屏广告作为抖音平台的第一道入口，可以利用短视频展示出来，加深用户对抖音广告的印象
2	抖音信息流GD单页广告	广告形式竖屏化，可以用多种短视频方式展现，样式原生，能够为用户带来沉浸式的观看体验

续表

序号	投放方式	具体说明
3	抖音贴纸	利用品牌定制的抖音贴纸,如 2D 脸部挂件贴纸、2D 前景贴纸这两种类型,4 天位置随机,连续购买,保持一定的新鲜性
4	信息流广告	抖音短视频信息流广告分为大图、小图、视频、文字等多种形式进行投放,满足不同消费者的需求
5	定制广告	可以通过与代理商洽谈,与他们定制广告内容形式,吸引用户的关注

(3)找专业的抖音代运营。

抖音短视频的洪波需要以最快的速度抓住,所以可以找专业的抖音代运营,他们将会根据广告主的产品特点及用户的兴趣点,站在用户的角度创建新颖的广告内容。

2.抖音付费推广的渠道

抖音付费推广的渠道有以下两类。

(1)抖音竞价广告。

大家都知道抖音常见的广告形式有开屏广告、信息流广告、贴纸广告等,这几种广告由于其位置是有限的,所以需要竞价投放,谁出价高就能得到更多的展现机会,所以它们都是竞价广告。而这几种广告的计费方式目前主要有如表 5-2 所示的三种。

表 5-2　抖音竞价广告的计费方式

序号	计费方式	具体说明
1	CPC 计费	CPC 是 "cost per click" 的英文缩写,即按点击付费,所以 CPC 广告是按点击付费的广告形式。一般而言,只有兴趣用户才会点击广告进行观看,这样一来每一个点击的用户就是一位潜在客户,所以每次点击的付费都是有价值的付费
2	CPM 计费	CPM 是 "cost per mille" 的英文缩写,是千人成本的意思,即每达到一千人所需支付的费用。一般为展示类广告,偏重曝光,适合在短时间内需要大量展现的推广需求

续表

序号	计费方式	具体说明
3	CPT 计费	CPT 是 "cost per time" 的英文缩写，即在 24 小时内任一时段投放广告，在这一时间内无论广告展示多少次都只收取一次的费用。这种更多使用在 APP 移动应用营销方面，尤其是手机游戏、社交移动应用、工具类移动应用

（2）抖音 DOU+。

DOU+ 是抖音平台推出的一款内置于抖音 APP 的视频加热工具，购买并使用后可以将视频推荐给更多的兴趣用户，并提升视频的播放量与互动量，是抖音付费推广中较热门也较为简单的方式。该方式可以将视频、商品或者直播精准地推荐给特定的受众群体。

 知识拓展

短视频平台的推荐机制与原理

1. 短视频平台的推荐机制

通常情况下，短视频的推荐机制从短视频上传开始算起。基于短视频平台每天会收到数量繁多、内容质量参差不齐的短视频，为了给用户带来良好的内容消费体验，短视频平台会使用设定好的系统对新投放的短视频进行初审。首先系统会通过大数据分析，设置一些敏感词汇进行检测，保证短视频的基本内容不会出现违规、低俗等内容。这属于系统性风险检测，是一个绝对硬性的指标，也是短视频运营者永远不能触碰的底线。

当内容不符合平台规范时，短视频将被退回不予收录，或被限制推荐(限流)，严重的会被封号。常见的违规问题包括带有广告推广信息、"标题党""封面党"、低俗、虚假、传播负能量等。如果上传的短视频包含敏感或禁忌内容(包括文字、话题)，会被系统识别并退回。除了检测内容外，有的短视频平台还会检测音乐。例如，抖音平台会对音乐进行检测，主要基于两个目的。

一是对没有版权的音乐进行限制，给用户发出站内消息，提示发布的短视频所用的音乐没有版权，已经被限制分享。

二是将短视频中使用的音乐打上标签，比如使用了某热门音乐，这也是为什么用户在刷抖音短视频时，常常会连续刷到使用相同背景音乐的短视频的原因。当系统识别出短视频内容和音乐没有问题时，短视频会在平台上线，系统也会开启第一次推荐。需要强调的是，有的短视频内容虽然没有违规，但是短视频画面与别人的短视频画面相似度太高，平台也不会推荐，或者对此进行低流量推荐、仅"粉丝"可见或仅自己可见。

2. 首次推荐机制

系统进行首次推荐时，会先小范围地推荐给可能对短视频标签感兴趣的人群，数量为300~500人。这些被推荐的人可能是短视频运营者的通讯录好友、账号"粉丝"、关注这个话题或标签的用户，也可能是同城附近位置、系统随机分配的用户等。这也是有时短视频用户会接收到内容互动率几乎为0（没有播放量、没有点赞量和评论量）的短视频的原因，说明用户正处于这种推荐中。

当系统给出第一波推荐后，系统会根据推荐量和播放量，对刷到短视频的人的反馈进行检测和统计，如果用户的反馈比较好（比如完播率比较高，用户会点赞、评论或转发等），系统会判定该视频在第一个推荐池中的表现为优秀，然后开始第二次推荐。

3. 分批次推荐机制

分批次推荐是指平台对短视频分不同的批次进行推荐。首次推荐给用户后的反馈数据将对下一次的短视频推荐起到决定性作用。如果首次推荐的反馈好，平台就会进行第二次推荐、第三次推荐……相反，如果首次推荐后的反馈数据不理想，那么平台就会停止推荐。因此，分批次推荐机制的核心是，下一次推荐量的高低取决于上一次推荐之后的反馈数据。

如果短视频在经过系统的多次推荐后，已经有几十万甚至上百万的播放量，系统一般会采用人工干涉的手段，对这些高播放量的短视频进行人工干预检测。对于内容优质，符合正确价值观和平台调性的短视频，平台会进一步推荐，形成大热门短视频。总体来说，短视频平台的推荐机制，是基于人工智能的算法，根据用户的兴趣精准地推送他们会感兴趣、喜爱的短视频。

推荐机制的本质，就是从一个巨大的内容池里，给当前用户匹配出可能感兴趣的视频。信息的匹配主要依据三个要素，即用户、内容、感兴趣。

二、内容植入

短视频植入式广告制作相对简单，植入方式日趋丰富，传播主体日益多元化，广告传播效果明显，是广告与新媒体结合后产生的传播新方式。

1. 台词植入

台词植入是指演员通过将产品的名称、特点等简单直白地传达给观众。这种方式在综艺节目中很常见，也是广告植入方式中最为直接的，它很容易得到观众对品牌的认同。不过在进行台词植入时一定要注意自然衔接。

2. 道具植入

这种方式是广告植入方式中最为"简单粗暴"的，即直接将产品以道具的方式展示在观众面前"刷存在感"。需要注意的是不要太频繁地给产品特写镜头。

3. 场景植入

产品的场景植入主要是指将产品作为短视频内容的道具或者背景进行植入。其最大的好处就是能放大该产品或服务的某一方面优势，从而加深其在用户心中的印象，这也是最常见的植入方式，也是最受大众接受甚至欢迎的广告植入方式。一般来说这样的广告植入都有一个特定的主题，结合情景铺垫渲染将产品融入故事情节中，成为剧情中的一部分。

小提示

与道具植入直接展示在观众面前不同的是，场景植入是将产品融入场景背景中，通过故事剧情的合理逻辑线条自然展现出来。

4. 体验植入

体验植入就是自己亲身体验后向用户讲述这款产品，常见于美食、服装、美妆之类的视频。

比如，美妆博主在进行化妆教学或沉浸式卸妆时，会给产品一定的曝光，再加上自身示范起到的效果，从而使"粉丝"加深对产品的印象；同样地，吃播博主也会对产品进行一定的展示。

通过产品的展示、使用体验、使用教学及"种草"推荐等，可在不知不觉中加深用户对产品的记忆，极大地刺激用户的购物欲望。

5. 对比植入

对比植入通常是指将剧情植入与场景植入结合起来，此类方式的广告内容往往更隐性，多见于美妆推荐类账号。

6. 话题植入

话题植入是指在视频的标题栏直接参与或自建一个与产品相关的品牌话题，即带"#"的标签，这种植入更直接，更能让用户快速掌握该品牌的相关信息。

从效果上来说，新建话题所获得的流量并不精准，由于没有选择以往的话题，也就意味着没有有效利用"编辑推荐"的流量优势，系统会随机地将视频推荐给与该账号"粉丝"画像比较接近的用户。

7. 标题植入

与话题植入相似，因为短视频的标题往往有解释引导的作用，所以选择在标题植入时，视频内容也应有相应的产品植入，标题和内容要一致。另外，一段描述性文字也可以适当加些趣味性或悬疑性的语句，让产品植入生动起来，进而使用户不会过于排斥此类植入。

即学
即练
判断：_____是广告植入方式中最为"简单粗暴"的，即直接将产品以道具的方式展示在观众面前刷存在感。

A.台词植入　B.道具植入　C.场景植入　　D.体验植入

课程
思语
其实广告植入万变不离其宗，大多是通过构思使产品的讲解或曝光和视频的整体内容相融合。另外，在标题和话题上增加产品的名称曝光度，设计标题时，也应事先想好如何使产品和内容相匹配。

三、内容定制

从内容层面出发，内容定制的逻辑与传统广告片的思路类似，只是不同于传统广告的时长较长、传播途径单一，内容定制的视频广告内容更加短小精悍，"爆点"密集，比起品牌信息的传达，创作者更希望自己的视频内容成为一则有趣的故事，从单一的短视频平台走出来，达成二次、多次传播的效果。

四、与KOL合作

KOL 是英文 key opinion leader 的简称，意思是关键意见领袖。从"双微"（微信、微博）时代至今，KOL 完成了一轮又一轮的新老迭代，他们通常被定义为拥有更多、更准确的产品信息，而且为相关群体所接受或信任，重要的是对该群体的购买行为有较大影响的人。

如今随着新媒体平台的更加泛化，短视频用户的快速增长，以抖音为首的短视频 KOL "达人"接连走红，不断有新的 KOL "达人"出现在大众面前并快速积累"粉丝"。

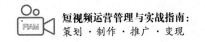

这些KOL"达人"走红后，随之而来会倾向于将自己的影响力、流量通过直播、广告、内容、带货等方式变现，同时在短视频的巨大流量和先进算法面前，很多商家也发现了短视频传播和变现效率高的秘密，更加愿意与短视频KOL进行合作推广。

1. KOL"达人"推广效果

如今的KOL"达人"其实也随着互联网的发展而发生着变化，不仅KOL"达人"的数量更多，而且涉及的类型、行业越来越垂直细分，如美妆、时尚、健身、亲子、美食、宠物、旅游等，商家一般可以根据自己产品所属类型来选择相同属性的KOL"达人"。

近些年很多崛起的新品牌与进行转型升级的老品牌，都通过大数据筛选抖音KOL"达人"，精准定位目标流量，带动口碑转化，让品牌获得新的曝光度，实现销量暴涨甚至脱销的推广效果。

2. KOL"达人"传播效果最大化

在短视频平台上成长的KOL"达人"能够得到平台的算法支持，加上他们优质内容产出能力较强，使得他们能够迅速积累数量庞大，并且可影响购买行为的忠实"粉丝"，从而实现较高的转化效果。因此，KOL"达人"传播推广能力还是非常可观的。而商家要做的事就是筛选出适合自己品牌和产品的KOL"达人"，与其建立合作关系。这个筛选过程，并不像有的商家所认为的直接找抖音顶流KOL就能获得最高的传播和转化这么简单。

一方面，目前头部KOL的曝光量和影响力确有一定基础，但合作费用并不低，动辄几十万元甚至上百万元，多数品牌预算难以承担，并且并不代表如此投放的传播和转化效果最好。

另一方面，如今KOL的领域划分十分细致，如果选择KOL只看影响力和知名度，其"粉丝"受众属性与品牌缺少关联，那么最终虽然曝光数据可能不差，但达不到转化目的。

因此，商家需要根据营销目标制定合适的推广方案，选择合适的KOL"达人"并与其合作。

与 KOL "达人" 合作还是当前非常热门且效果不错的推广方式，并且已经产生了很多成功案例。想要尝试的品牌或商家如果没有经验，建议其寻找有实操经验的专业代理机构，以免出现无效投放浪费预算的情况。

五、多渠道推广

创作者要想让自己的短视频被更多垂直领域外的目标用户群体所了解，就要在短视频平台之外的其他平台同步分享短视频进行推广，从而扩大短视频的传播范围。

除了各大短视频平台外，创作者还可以利用的渠道主要有微信、QQ 群、微博、今日头条等。

1. 微信推广

通过微信来为短视频引流是一种很有效的方式，随着微信的普及，微信越来越多地成为人们社交的必备软件，所以微信推广势在必行。

一般来说，利用微信推广的方式主要有以下几种。

（1）朋友圈推广。

一种是直接将制作好的短视频转发到微信朋友圈，另一种是在朋友圈发布短视频信息，用好的文案来吸引大家去相应的短视频平台点赞并关注。

（2）微信公众号推广。

短视频创作者可以创建属于自己的公众号，在公众号内定期发布抖音短视频或者优质文章。如果你的文笔够好，公众号被转发的次数可能会更多，那么你的知名度也可能更大。同时，还可以和一些其他的公众号联手合作，一起提高抖音曝光率。

2. QQ 群推广

与微信群相比，QQ 群有一个重要的优势，那就是它有许多热门分类，创

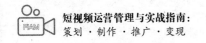

作者可以通过查找同类群的方式加入 QQ 群，在群内进行短视频的推广。

3. 微博推广

当创作者在微博上推广短视频时，主要使用它的两种功能，即"@"功能和热门话题功能。创作者在微博上可以"@"名人、媒体或企业，如果他们回复了，创作者就能借助其庞大的"粉丝"扩大自身的影响力。微博的热门话题和热搜是一个制造和发酵热点信息的地方，也是微博用户非常关注的地方。

创作者在微博上推广短视频时，可以借助与内容相关的话题，添加"#"标签，同时在微博正文中阐述自己的看法和感想，从而借助热点提高微博的阅读量和短视频的播放量。

4. 今日头条分享

创作者在今日头条上发布短视频之前要查看平台热点，找出与将要上传的短视频相关联的热点关键词，并根据热点关键词来撰写短视频的标题，以提高短视频的推荐量。

在确定短视频标题时，尽量不要使用语义含糊不清的文字或者非常规用语，以免增加平台的审核障碍。

5. 小红书推广

小红书是一个生活方式平台和消费决策入口，随着这几年的不断发展，已经有了庞大的"粉丝"群体，在用户眼中小红书是一个真实分享的平台，具有高度黏性，用户对小红书信任度高。

作为运营者，要想在小红书中获取强大的流量，做好笔记并发布才是硬道理，很多"素人"用户正是依靠编写出优质的小红书笔记而成小红书 KOL。短视频创作者可以制作一些有创意且实用度高的视频笔记，这样可以吸引更多的流量。

6. 哔哩哔哩推广

哔哩哔哩（简称 B 站）平台从一个自发萌生的小社群，发展成现在的一个大型的视频互动平台，其发展实力以及"粉丝"群体是不容小觑的。哔哩哔哩集中了很多的年轻用户群体，影视、动漫、音乐、体育、饭圈等内容在 B 站形成了近 200 万个文化标签，是很多网络流行内容的发源地。

这里有着巨大的流量，短视频创作者利用好 B 站的流量推广自己的视频，也会有不错的效果。

小提示

在视频推广的过程中，创作者可以将短视频同步至多个自媒体平台上，配以大多数人感兴趣的或者别具一格的文字，以吸引用户的目光。自媒体并不似传统媒体那么刻板，创作者要运用多种方式增加曝光度，以达到推广的目的。

**课程
思语**

目前，短视频无疑是信息传播的风口之一，但在对流量的追逐中，短视频要避免过度逐利的导向偏差，做好净化"流量糟粕"，要推广和传播正确价值取向的优质短视频，凝心聚力、成风化人，引发受众深层共鸣，树立诚实守信、求真务实的营销价值观。

第三节　短视频"粉丝"运营

短视频创作者要想让自己的作品成为爆款，除了打造优质内容外，还要懂得利用各种方式为短视频"吸粉"。短视频创作者要做好"粉丝"运营，这样才能获得众多"粉丝"的关注和支持，让创作的短视频被更多人看到，使短视频账号被广泛关注和传播。

一、保持稳定的更新频率

信息时代，互联网上的事儿五花八门，热搜不断，倘若账号不长期稳定地更新内容，很容易会被取代，而定期定时的更新可以保障账号持续的活跃性，

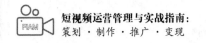
避免被"粉丝"遗忘。保持较高的更新频率是短视频团队初期积累用户的必备技能之一。

1.更新频率要稳定

相对稳定的更新频率更有益于账号权重提升。

如果是个人运营抖音，为了保持账号的活跃度，并保证你的短视频内容能够精准地推送到对你感兴趣的"粉丝"，可一周更新三至五次。这个次数，既能让"粉丝"知道你的账号是个活跃账号，也能让你有足够的时间来打磨视频内容。

小提示

在时间精力允许的前提下，可每天更新一条或多条；或者隔天更新，或是每周更新三条。千万不要一周更新七八条，第二周一条都没有。

2.发布时间很重要

在短视频领域，流传最广的黄金发布时间，用四个字来总结叫"两天四点"。

所谓"两天"，是指周末两天。

所谓"四点"，是指周一到周五的四个时间段。

（1）7~9点。

在这个时间点，大多数的人刚刚睡醒，或者是在吃早餐，或者是在通勤的路上，而在这个碎片时间，很多人都喜欢拿出来手机刷短视频，看看今天有什么新鲜的内容。

（2）12~13点。

一个上午的工作告一段落，这个时间段的人们大多都在吃午餐或者午休，趁着这个时间看看短视频，也是绝大多数人的选择。那么我们选择这个时间段发布短视频的话，被"粉丝"们看到的概率也会更大一些。

（3）16~18点。

这个时间段的人们已经经过了长时间的工作，大多数人会选择休息一下，而且此时，大家的工作也都完成得差不多了，因此也会停下来刷短视频。

（4）21～22点。

下班了，休息了，吃完饭了，自然是时候躺着刷短视频，打发一下时间了。

以上这些时间段仅作为参考标准，你需要尝试在不同的时间段上传视频，找到你的"粉丝"最活跃的时间段，最后固定下来形成你独有的推送习惯。

 问题：在短视频领域流传最广的黄金发布时间可概括为"两天四点"，其具体指什么？

二、引导"粉丝"点赞评论

点赞和评论关系着平台对视频的推荐量，如果一个视频点赞评论的人比较多，系统就会认为这个视频是个优质视频，从而给出更多的流量。那么，我们该如何吸引"粉丝"评论呢？

1. 主动去引导用户

很多人发视频根本没有去思考怎么提升视频的推荐量，这样做缺少了运营的思维。无论哪个平台用户都是存在惰性的，我们只有主动引导用户点赞和评论，才有可能提升视频的推荐量。

2. 优先引导用户点赞

我们在引导用户做出我们想要的"动作"时，用户要不就是给你点个赞，要不就是评论一下，或者看你的视频不错转发一下，很少有人又是点赞、又是评论、又是转发的。因此，我们在引导用户的时候，可以优先引导用户点赞我们的作品。

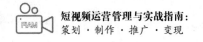

3. 怎么在视频中引导用户

最常规的做法就是在视频中求赞，其实这样的做法一次两次还可以，但是每次都这样做的话，会达到一种反作用，用户会对你的视频产生反感。

那么如何不引起用户反感呢？第一，就是"问对方"，即在视频中表达出一个观点，问对方是什么看法，这个时候就会有很多人去评论你的视频。第二，就是"让用户选择"，即在视频中表达出两个不同的观点，让用户去选择其中的一个，这个时候用户自然而言就会评论你的作品。

三、积极回复"粉丝"评论

评论区运营是我们提升播放量、账号首页打开率，形成"粉丝"转化的重要运营环节。因此，我们要运营好自己的评论区，其要点如下。

（1）短视频创作者要与"粉丝"做好互动，尽可能在第一时间回复"粉丝"的评论。

（2）短视频在刚发布时，评论量比较少，这时短视频创作者可以自己撰写评论，用其他账号评论、好友评论等方式进行评论预埋。

（3）并非作品的所有评论都是必须回复的，例如广告信息，评论者往往只是无目的性地在所有平台与账号下面进行评论，对于作品的传播没有积极意义，短视频创作者无需回复。而对于一些希望通过共同话题参与讨论，共同探讨作品，或者真心求教问题的评论，短视频创作者应及时回复。短视频创作者还可以将高质量的评论置顶，以引导"粉丝"产生更大范围的互动。

（4）评论区中有时会出现"粉丝"言语过激、语气尖锐的情况，这时短视频创作者切不可"针尖对麦芒"地无情回击，而是要顺着"粉丝"的思路与其互动，显示出自己按照"粉丝"的期望不断改进的决心，增强他们的期待感。

（5）除了在评论区回复外，短视频创作者还可以对"粉丝"的评论信息进行整理，在下一条短视频中进行整体答复。当短视频账号发展到一定阶段后，短视频创作者可以就"粉丝"评论单独开通一个问答环节，这样做可以极大地增强"粉丝"的参与感。

在"粉丝"经济时代，我们要提升自己沟通和互动交流的能力，加强与"粉丝"互动，提升"粉丝"的活跃度和黏性，才能形成信息传播的"粉丝"效应。

第四节　构建短视频账号矩阵

通过跨平台、多账号间的互相联动可扩大影响力，越来越多的企业开始建立自己的媒体传播矩阵，与此同时，跨平台矩阵式内容运营方式，也必然伴随着海量的内容资产沉淀。

一、账号矩阵的定义

账号矩阵是通过不同平台不同账号之间建立联系，将同一品牌下不同平台、不同账号的"粉丝"流量进行账号互通，根据平台不同的规则及内容，来输出企业及品牌信息，然后以矩阵的形式提升"粉丝"数量及账号商业价值。

账号矩阵的运营模式可以是多平台、多账号，也可以是单平台、多账号。

二、账号矩阵的优势

为什么要建立账号矩阵？这是由于账号矩阵具有如图5-6所示的优势。

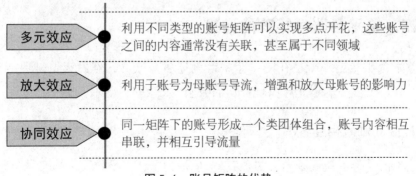

图5-6　账号矩阵的优势

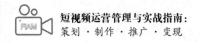
三、适合做账号矩阵的情形

一般在这两种情况下,才可以考虑去做账号矩阵。

1. 有足够的精力

有足够的精力去批量化地制作需要的视频内容,比如好物分享、冷知识分享或者小游戏,可以用这类短视频账号直接去做账号矩阵。

2. 做原创视频内容输出

做原创视频内容输出的账号,或者个人 IP 的账号可以做账号矩阵。比如食品类目、百货类目以及情景剧式的个人 IP 账号,都是需要去做账号矩阵的,还有一些故事连贯性比较强的账号,也是可以做账号矩阵的。

如果处于第二种情况,可以先把一个账号做出来效果之后,再去建立矩阵账号。因为用户是不明所以的,他只通过当前这个账号的"粉丝"量和背书,去增加自己对账号的信任。

同时,做账号矩阵,很容易会导致资源过于分散,如果没有明显的效果,反而会对官方账号产生影响,不利于大号的起量。

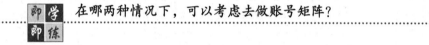

即学即练 在哪两种情况下,可以考虑去做账号矩阵?

四、单平台账号矩阵的搭建

单平台账号矩阵就是在同一个平台创建多个账号,然后大量地更新视频。让视频获得足够多的曝光和展现,从而吸引到更多的精准用户。

1. 独立账号相互客串

这不仅是为了让视频内容更加完整,也是为了让"粉丝"多的账号引导"粉丝"少的账号进行互动，形成内容矩阵。

比如，说车界的"小刚学长""八戒说车""猴哥说车""虎哥说车"这几个账号中的人物经常会进行客串。由于这些主账号的领域都是一样的，而且视频内容大多是围绕说车的，所以会引流一些"粉丝"关注客串的账号。

2. 打造画风一致的账号

除了在不同的账号之间进行客串外，创建一系列具有相同风格的账号也是可行的。这样的矩阵式操作可以极大地提高平台上的品牌知名度，公司的品牌利用它来加强其在每个账号中的影响力。而且，当用户探索该公司的一个账号时，它可以引起用户的兴趣，继续通过其他公司的账号进行搜索。

小提示

对于企业来说，所发布的内容大多是和公司产品、业务相关的，所以打造画风一致的账号比较适合企业。对此，企业可以先申请一个蓝 V 企业号，利用蓝 V 企业号的员工账号功能，打造出画风一致的抖音账号矩阵，然后将流量引流至企业的主账号上。

3. 大 IP 细分

有非常多的流量"大 V"，都会在主账号做起来之后建立一些小号。这些小号会分享一些与主账号不同风格的视频，但有主账号流量的加持，其起号也是特别快的。

创建一个小号来引导流量，有助于为短视频矩阵创造一个安全的内部环境，即使大号被限制或封号，小号也不会太被动。如果是一个团队，还可以多设置几个小号，从大号引流到小号。

4. 视频中互相 "@ 对方" 或提供评论

这种视频复制 "@ 对方" 或评论的方式倾向于在其他视频上相互评论，不仅让"粉丝"对视频内容起到更深层次的理解，而且让用户对对方的主页更感兴趣，为对方的账号引流。

知识拓展

单平台账号矩阵的搭建形式

最常见的单平台账号矩阵有五种形式，分别是：放射式、蓝 V（指企业官方在自媒体平台账号认证的一种标志，右下角会有一个蓝色的"V"，彰显企业身份，表示权威性）+ 个人、向心式、纵深式、漏斗式。

1. 放射式

（1）组建方式：母账号带起多个子账号，每个账号都在品牌背书下开展运营，且子账号也是企业账号。

（2）组建优势：利用品牌背书迅速带动子账号流量。

（3）适用情况：适用于认知度非常高的品牌，品牌拥有多条产品线和多地服务。

2. 蓝 V+ 个人

（1）组建方式：蓝 V 账号 + 个人账号，相互之间不打通，但都为品牌形象服务。

（2）组建优势：个人账号具有真人属性，并且可以独立运营，更符合抖音用户的观看喜好。

（3）适用情况：适用于服务型企业。

3. 向心式

（1）组建方式：开设多个账号，每个账号拥有独立的人设，且有完整的内容系列呈现，但都指向品牌。

（2）组建优势：通过多个账号，针对不同群体，同时向品牌导流，增强品牌力。

（3）适用情况：品牌力较弱，但需要提升品牌影响力的蓝 V。

4. 纵深式

（1）组建方式：在品牌的细分领域中建立子账号，根据分类发布不同内容。

（2）组建优势：打通上下游，增强"粉丝"黏性，将"粉丝"锁在矩阵下，提升粉丝忠诚度。

（3）适用情况：适合针对某一类人群，能够为其提供多种产品和服务。

5. 漏斗式

（1）组建方式：开设一个或多个子账号做无商业化内容来吸引"粉丝"，母账号转化销售。

（2）组建优势：子账号作为漏斗的面，降低用户对广告的反感，最大限度"吸粉"，将有购买需要的用户导流到母账号下面下单。

（3）使用情况：需要实现销售转化的蓝 V。

五、多平台账号矩阵

多平台账号矩阵就是在不同的短视频平台上创建短视频账号，制作的视频在多个平台同步分发。多平台账号矩阵的运营需要注意以下几点。

1. 使用工具分发

用工具分发是最省时的。短视频运营者可以在网上找一些免费的一键分发系统，一键分发多个平台，同步管理账号，不需要手动一次分发一个平台，可以有效节省时间，提高工作效率。

2. 数据要统一

构建多平台矩阵需要统一的数据。矩阵运营的目的是打造个人品牌 IP，最好能统一账号个人资料、账号签名、账号名称，这样可以更好地推广，吸引用户关注，提高品牌影响力。

3. 注重内容质量

构建多平台矩阵和分发最需要关注的是内容质量。因为你的内容分布在各个平台，内容的原创性必须符合平台标准。

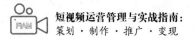

> **课程思语**
>
> 　　流量是互联网企业的核心竞争力，应培养互联网营销流量思维，通过构建短视频账号矩阵，实现账号间的互相导流，提高账号的"粉丝"量，让作品能触达更多的用户，覆盖足够多的目标用户，从而产生更多的曝光和互动。

第六章

变现秘诀，挖掘短视频商业价值

▶ **知识目标**

1. 知道短视频变现的基础知识。

2. 掌握短视频变现的几种方法。

3. 了解短视频变现的前提条件。

▶ **技能目标**

1. 能够实现短视频电商变现。

2. 能够实现短视频直播变现。

3. 参与平台有奖创作，并能够获得收益。

4. 能够实现短视频其他变现。

▶ **课程目标**

通过分析不当获利的视频变现案例，告诫读者要牢记职业道德，守住底线情操，培养诚实守信的职业道德，树立脚踏实地的职业习惯，培养职业创新意识和创新能力，树立知识产权保护的意识和知识付费的意识。

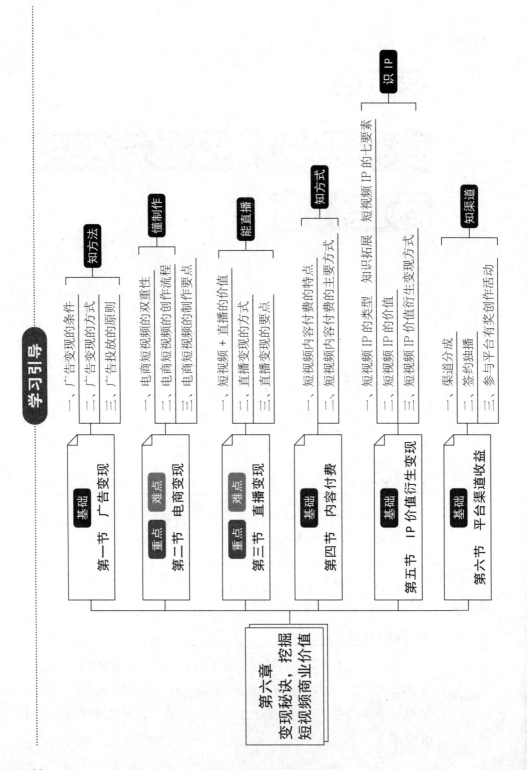

学习引导

第六章
变现秘诀，挖掘
短视频商业价值

基础 第一节 广告变现
知方法
一、广告变现的条件
二、广告变现的方式
三、广告投放的原则

重点 **难点** 第二节 电商变现
懂制作
一、电商短视频的双重性
二、电商短视频的创作流程
三、电商短视频的制作要点

重点 **难点** 第三节 直播变现
能直播
一、短视频＋直播的价值
二、直播变现的方式
三、直播变现的要点

基础 第四节 内容付费
知方式
一、短视频内容付费的特点
二、短视频内容付费的主要方式

基础 第五节 IP价值衍生变现
识IP
知识拓展 短视频IP的七要素
一、短视频IP的类型
二、短视频IP的价值
三、短视频IP价值衍生变现方式

基础 第六节 平台渠道收益
知渠道
一、渠道分成
二、签约独播
三、参与平台有奖创作活动

美食账号 正在捕获你的胃

随着人们生活水平的提高，食物已经不仅仅是填饱我们的肚子这么简单，越来越多的人想要从饮食中获得新的享受，美食的意义不再局限于满足味蕾，更重要的是它让人们发现了一种新的生活方式，不管是学习做美食还是从网络中购买美食，都让我们的生活变得不同，变得快乐。

你可能是远在他乡求学工作的人，你迫切地想吃到家乡的美食；你可能是天生的美食家，有一个尝遍全球美食的梦想，但奈何生活限制了你的脚步，你还没法开始自己的征程；突然有一天你可能发现，原来这世界上有一种你根本没听说过的食物……

只要你是"爱美食"的同道中人，你应该会在短视频平台关注很多的美食博主，他们中有些人教你制作家乡菜，有些人将世界各地的美食放在购物车里等你购买，总会有一种方式满足你对美食的需要。

美食账号在捕获"大家胃"的同时，也会为主播带来可观的收益，在我们观看和购买的过程中，他们也实现了账号的变现。比如抖音中的山西做饭达人"老雷的菜"，截至2022年年底已拥有两百多万"粉丝"，太原探店博主"太原发现哥"也已经拥有了超九十万"粉丝"。

思考：

1. 虽然"老雷的菜"和"太原发现哥"都属于美食类账号，但他们在内容创作上有什么不同？

2. "老雷的菜"和"太原发现哥"都是以哪些方式变现的？其中有何不同？

3. 作为美食类账号，你认为他们还有哪些变现的方法吗？

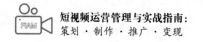
第一节　广告变现

也许每个产品在创立之初都有自己的变现方式，但是所有的变现方式中广告变现最简单直接，只要你有用户就可以广告变现。

一、广告变现的条件

短视频运营者想要通过广告变现，首先需要打造一个受欢迎的 IP，当"粉丝"数量达到平台要求后，自然就能接到广告，从而实现变现。

比如，一个做美食的博主，他在制作美食时，使用和介绍的厨具或食材，会激发"粉丝"的购物热情，这就是商家想要达到的推广效果。

具体来说，实现广告变现需达到如图 6-1 所示的三个条件。

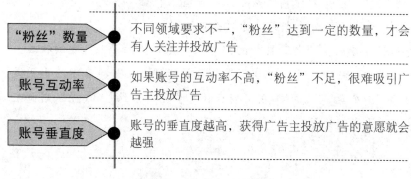

图 6-1　广告变现的条件

即学即练　短视频运营者想要通过广告变现，首先要做什么？

二、广告变现的方式

广告变现的方式就是在短视频的平台上面进行广告植入、纯广告拍摄，把产品或者品牌嫁接到短视频上的变现形式。

1. 广告植入

广告植入的形式在短视频平台上面已经司空见惯了，其特点是主要介绍视频内容，在中间穿插产品或者品牌活动。把视频内容和产品广告融合在一起，在观众看到一半内容时，进行广告展示。这种广告植入的形式可以让观众更容易接受，在看短视频时对广告的插入就不会那么排斥了。很多搞笑类的短视频都是以这种方式进行广告植入的。

小提示

　　广告植入时，必须关注用户的体验。现在的短视频互动性更强，用户参与度更高，广告的产品是否正规，产品本身是否会影响用户的体验，都是在变现的过程中必须把关的问题。

2. 纯广告拍摄

纯广告的拍摄形式和广告植入不同，纯广告的拍摄是利用博主的人气来为产品进行量身定做的广告形式。这种形式的拍摄目的性强，可以把产品信息直接传达给受众人群。这种变现形式在操作的时候要充分了解产品的特点以及品牌的需求，根据自己短视频账号的定位来进行产品的定制化内容传播。

在视频内容上需要注意的是，既然是纯广告的拍摄形式，内容一定要有吸引力，吸引观众看完才能达到宣传的效果。对于这种短视频，感兴趣的观众看完后转化商机的概率更大一些，转化率大，自然利润就越多。

三、广告投放的原则

对于短视频运营者来说，投放的广告内容要和账号定位相符，首先内容是

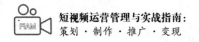

第一位的，其次才是广告，如果广告形式不利于账号生态，或不利于用户体验，那么广告投放将是一件无法长久的事情，不但实现不了变现，而且会影响账号的发展。

> **课程思语**　短视频等新媒体平台要树立为企业服务的服务意识和使命意识，充分利用其传播速度快、双向传播等突出优势，为企业产品和品牌赋能。

第二节　电商变现

随着传统电商时代的红利殆尽，互联网时代已经进入场景化模式。短视频因为其碎片化和易融合的自身属性，使用户在短视频购物平台中可以一站触达不同的内容主体，实现内容、信息、服务、营销的场景互联。因此，短视频＋电商或电商＋短视频的新模式已经成为未来几年的新趋势。

一、电商短视频的双重性

以吸引更多用户点击头像进入直播间为核心目的的短视频统称为电商短视频。电商短视频有非常明确的引流或成交属性，从创造的角度讲，电商短视频首先是一条短视频，其次才是一条带有明确点击目的的"广告"视频。

具体来说，电商短视频具有如图6-2所示的双重性。

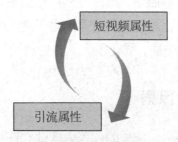

短视频属性

引流属性

图6-2　电商短视频的双重性

1. 短视频属性

从本质上讲，电商短视频也是一条短视频，需要通过用户观看、点赞、评论、转发等各类数据的增长，来提升传播度和播放量。

2. 引流属性

从目的上讲，电商短视频有明确的销售和"广告"倾向，除了需要通过用户观看、点赞、评论、转发等增长各类数据外，还需要有更多用户点击"小黄车"产生购买行为或点击头像进入直播间。

二、电商短视频的创作流程

电商短视频的创作流程要比普通短视频多一步"选定产品"（图6-3）。首先作为商家，尤其是初阶的商家，选品是一个很重要的点，要有售卖属性，有一个"广告"目的。在这个过程中你用什么样的产品去引导用户点击购买，引导其进入直播间，是非常关键的核心因素。

图6-3　电商短视频的创作流程

即学即练　电商短视频的创作流程是什么样的？

三、电商短视频的制作要点

相关资料显示，淘宝、拼多多等许多平台增加了短视频的功能后，成功地帮助产品提高了 20% 的转化率，可见短视频给企业带来了巨大的收益。另外，自从抖音可以链接淘宝店铺后，再加上"网红"的大力推荐和强大的"粉丝"流量，使得短视频变现能力大大提高，轻而易举地就可将某品牌商品打造成为爆款。那么，我们该制作什么样的短视频才能助力销售增长呢？其要求如图 6-4 所示。

图 6-4　电商短视频的制作要点

1. 主题突出

拍摄带货的短视频，最好是一个视频只拍摄一个商品，而且必须深层次挖掘商品的特点，能够明确解决消费者的某些"痛点"。这就是主题突出的重要性。

比如，你想要带货的产品为洗发水，但洗发水的功能各不相同，有去屑的，有控油的，那你就要明确这款产品能为消费者解决什么问题。

2. 真实的故事更容易被记住

为什么你拍的短视频无法变现？或许是短视频创意不够新颖，企业 Logo 不够引人注意，又或许产品或企业品牌和原视频并没有较好地融合在一起等。

对于企业账号来说，可以有自己的纪实人物，也可以有自己真实生活的趣事，一个能够传递情感的企业，其短视频才会更好地被大众去认识与熟知。

3. 场景化更能刺激消费者

一个良好的场景更能刺激消费者购买产品，场景最好是我们在生活中都会遇到的，并且都深有体会的。

比如，天气比较燥热，口渴想喝水，走路累了想找个椅子休息等。

场景的设计要为企业搭建一个熟悉的场景，通过商品管理功能的展示让用户对该商品抱有好感与信心。当然不需介绍所有的功能，只需突出这个产品最有价值的信息即可，毕竟短视频是赢在足够的"短"！

4. 细节把控到位

（1）拍摄清晰。拍摄时一定要使用专业的高清摄像机，这样才能更好地拍摄出清晰且有质感的画面内容。

（2）镜头语言流畅。拍摄过程中细节处理要得当，每个镜头之间的衔接要流畅。

（3）配音魅力。 抑扬顿挫的配音能让人更深入地走进视频。

（4）水印必有。在拍摄中或后期制作中可以加上公司的名称、产品的官网和品牌等信息。

 小提示

完成的短视频作品可以首先在自媒体平台上启动，然后发布在多个平台上，这样能够让更多的人看到，达到广而告之的效果，也可以增加整体播放量。要注意的是，千万不能半途而废，一定要坚持发布。当视频积累到一定数量时，可能就会有很好的叠加效果。

课程思语　　网络空间是现实空间的延伸和拓展，现实生活中个别商家的诚信缺失问题，反映到网络购物中，会制约网络购物的发展。我们要牢记职业道德，守住底线情操，培养诚实守信的职业道德，从自己做起，为社会构建诚信的网络购物环境。

第三节　　直播变现

2016 年淘宝直播开启了直播电商时代。之后两三年，直播电商模式开始快速发展，快手、抖音等从短视频娱乐平台开始向"短视频＋直播"模式转型。如今，

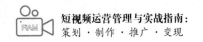
"短视频＋直播"模式正在以极快的速度向零售业主流商业模式演进。

一、短视频+直播的价值

短视频行业和直播行业的结合，能够让各位主播和短视频制作者走得更远，更快地实现商业价值，两者结合互相助力，扬长补短。

1. 短视频能够给直播引流

对于直播来说，引流是一个至关重要的环节。而短视频则可以通过高质量的内容实现直播的预热引流。用户被吸引到直播间后，主播可以通过专业讲解促使用户完成消费转化。短视频实现引流，直播完成变现，两者结合，相较于单项进行会有较好的商业价值。

直播的各种短板通过短视频进行弥补，有助于直播内容的保留。直播中产生了高质量的内容，短视频也可以进行留存，然后通过二次加工进行用户的精准引流。

2. 直播促进短视频的变现

直播具有即时性高、互动性强的特点，主播可以通过与用户的实时交互及时了解用户的需求，为短视频内容的创作提供方向指导。

有许多的知名主播都会把直播时发生的精彩瞬间进行录制，然后进行短视频创作，因为他们的直播已经有了很大的流量，短视频的发布也会吸引很多人重复观看，在直播中了解的用户需求，也为他们的短视频创作找到精准的方向。短视频也会为他们带来更多的陌生流量，从而实现一个良好的循环。

可以这样说，短视频和直播都是相辅相成的，短视频内容质量优秀，用户留存时间长；直播具有很强的实时交互性，更容易促进用户的变现。

二、直播变现的方式

直播的变现模式逐渐清晰、多元化，在初创期，直播平台的内容以及变现模式都较为单一，变现依靠用户打赏分成，而在成长期，以导购分成为代表的增值业务、广告业务，特别是直播带货和直播教学等业务也逐渐壮大。

1. 直播间打赏

直播间打赏也是目前最常见的一种直播变现方式，很多直播平台和主播都是以直播间打赏为重要的收入来源。用户一般是以礼物的形式进行打赏，而礼物则是购买兑换出来的。直播间打赏能体现用户参与直播的互动积极性，同时也是主播让用户继续打赏的动力。

2. 承接广告

一些主播拥有一定的名气或者大量的"粉丝"之后，不少商家就会看中直播间的流量，委托主播对他们的产品或品牌进行宣传，主播会收取一定的推广费用。这种变现方式一般是主播私下接的，平台不参与分成。当然平台也可在APP、直播间、直播礼物中植入广告，按展示点击结算费用，这也是一种变现形式。

3. 直播带货

直播可与电商相结合，主播在介绍商品时，有需求的用户则可以点击链接进行购买，这种营销方式是目前直播里面最常见的，因为购买有时候就是心动的那一瞬间。直播最重要的就是主播的表现，其表情生动，描述细致并具有个人的特点，让观看用户印象深刻也是非常重要的；还有就是产品的卖点、价格等方面。直播带货体现了流量价值，使企业的互联网营销市场与直播直接连接起来。

小提示

一般的知名主播都有品牌方上门合作，"粉丝"量小的主播则是自己寻找货源，然后通过卖货赚取相应的佣金提成。

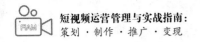
4. 企业宣传

由直播平台提供技术支持和营销服务支持，企业可通过直播平台进行如发布会直播、招商会直播、展会直播、新品发售直播等多元化直播服务，打造专属的品牌直播间，助力企业宣传，实现信息传递的互动性、真实性、及时性。

5. 内容付费

目前，市场上的直播模式多种多样，一对一直播、在线教育等付费模式的直播逐渐流行起来。付费模式对直播的私密性要求更高，"粉丝"通过购买课程、计时付费等方式进入直播间观看，若直播内容质量较高，可以有效地留住"粉丝"，为平台和主播增加新的变现方式。

三、直播变现的要点

"短视频 + 直播"模式优势较大，这也是很多主播和商家未来的必然选择。对于短视频运营者来说，要想取得更好的直播变现效果，要注意以下几点。

1. 建立专业的直播室

首先要建立一个专业的直播空间，主要包括以下几个方面。

（1）建立良好的网络直播环境，保证直播时不会掉线和卡顿，以免影响用户的观看体验。如果是在室外直播，尽量选择无限流量的网络套餐。

（2）购买一套好的电容麦克风设备，给用户带来更好的音质效果，同时也将自己真实的声音展现给他们。

（3）购买一个好的手机外置摄像头，让直播效果更加高清，给用户留下更好的外在形象，当然也可以通过美颜等效果来给自己的"颜值"加分。

2. 设置一个吸睛的封面

短视频直播的封面图片设置得好，能够为主播吸引更多的"粉丝"。目前，很多短视频直播平台上的封面都是以主播的个人形象照片为主，背景以场景图居多。直播封面没有固定的尺寸，不要过大也不要太小，只要是正方形即可，但画面要做到清晰美观。

3. 选择合适的直播内容

不管是在直播间唱歌，还是在直播间讲课，又或者是在直播间讲解美妆、护肤等，只要适合自己且不违反平台规定即可。

只有找到适合自己的内容并发挥自己的长处，才能吸引"粉丝"的关注。

4. 与"粉丝"做好互动

不管在直播间分享什么内容，与"粉丝"互动是提升直播间人气及账号关注度的重要环节。特别是像抖音这样的短视频平台，是以"粉丝"点赞作为排行依据的，这样可以让普通用户的存在感更强。

5. 建立"粉丝团"管理"粉丝"

进行直播的主播一般都会有不同数量的"粉丝团"，这些"粉丝"可以在主播直播间享有一定特权，主播可以通过"粉丝团"与"粉丝"形成更强的黏性。

除此之外，还要知道如何通过数据分析来运营"粉丝"，并将"粉丝"的价值最大化，然后通过直播内容来提升转化的可能性，最后完成直播流量的变现！

 判断：与"粉丝"做好互动是直播变现的要点之一。

课程思语　　当大家谈到带货主播时，往往会说主播的门槛不高，甚至不需要娱乐主播那样的才艺和"高颜值"，但做好一名带货主播，需要具有专业知识、沟通能力、亲和力等综合素养，甚至要加强自我认知，给自己做好个人定位，突出自己的鲜明特色，强化主播人设，因此没有小岗位，只有大事业，在任何岗位上都要脚踏实地，走好每一步。

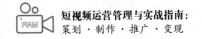
第四节　内容付费

短视频内容丰富、覆盖群体广，如今各大短视频平台纷纷推出知识付费板块业务，短视频的知识付费内容正逐渐兴起。调研数据显示，2022年，67%的用户在短视频平台有过内容付费的行为。

一、短视频内容付费的特点

短视频内容付费，本质上就是花钱买内容。如果想让用户自愿掏腰包，所制作的付费内容就要满足2个特点：有用和排他。其实特别好理解，短视频内容有价值，自然有人愿意花钱付费，而人们往往更愿意为独家的内容付费。

短视频内容付费，本质上还是花钱买内容。能让人们自愿掏腰包的内容，可以不完全归纳为如图6-5所示的三个特点。

图 6-5　短视频付费内容的特点

1. 有用

谈到付费内容的特点，很多人首先想到的就是有用，"认为有用"是群体性焦虑的解药。不管人们的目的是增加谈资、补充社交货币，还是提升个人知识技能，付费门槛都被认为能够自动筛选优质内容，并且节约注意力成本。

2. 排他

除有用之外，人们也会为排他和独家的内容付费。具象化来说，就是版权。

用户会跟着内容走，独家的内容才值得用户付费。

3. 猎奇

猎奇的内容满足的是窥私欲，虽然需求庞大，但这类内容也不可避免地成为重点监管区域。

二、短视频内容付费的主要方式

在内容付费的大趋势下，已经有很多文字、语音问答付费成功的案例。相对于文字、语音而言，短视频的信息承载能力更强。

目前来看，短视频内容付费主要有以下几种方式。

1. 订阅打赏

随着打赏功能的出现，越来越多的人开始为自己喜欢的短视频或一些求助信息付费。打赏模式是目前比较常见的直播及短视频盈利模式。这种模式主要通过"粉丝"对主播或短视频创作者进行打赏获得收益（通常平台还要分走一部分打赏）。"粉丝"数量和质量对打赏收益的多少将产生直接影响，想要获得高收益，就必须注重"粉丝"数量的积累和质量的维护。

除了拥有"粉丝"数量和质量基础之外，直播与短视频的内容也是获得打赏收益的重要基础。这就需要不断地创作出"粉丝"喜爱的短视频内容，并把握好短视频更新频率。对于才艺、知识等类型的主播，以及直播达人，打赏是其一项重要的收益，同时也给平台带来了巨大的收益和流量。

2. 购买特定内容产品

购买特定内容产品被广泛运用于长视频和音乐内容平台。短视频内容付费能不能像直播打赏、长视频和音频付费那样让用户形成购买习惯，主要看两点：一是能否持续输出高质量的内容；二是能不能解决用户的问题，从而让用户愿意花钱购买。

3. 付费直播

直播中的连麦付费或付费收看直播，已经成为新媒体短视频平台继直播带

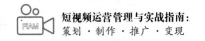
货后的又一个新的经济增长点，它一方面契合了知识付费的大趋势，另一方面是对流量变现途径的全新探索。

2022年3月7日，抖音曾连续举办持续一周的付费连麦活动，用户在观看直播时可选择付费与主播连麦，连麦的时间和价格由主播决定。而早在2022年1月24日，微信视频号已上线首个付费直播间，直播内容为NBA常规赛。进入直播间后，用户可免费观看3分钟，3分钟后需支付90个微信豆（1元=10个微信豆）才能继续观看，也就是说观看一场NBA直播需要9元钱。2022年2月，视频号又让更多用户加入付费直播内测活动，使用权限逐渐对外释放，并面向所有运营者。2022年3月，视频号创作者开通付费直播已无门槛。

而快手在2020年之前就开辟了"付费精选"，其中就包括付费直播、付费短视频以及付费录播课程。目前，快手的付费内容广场上，不仅有热门课程、热门娱乐，还有付费录播与付费直播。其中，付费直播频道下多个类目的直播预告，价格从几元到几千元不等，用户可免费试看3分钟。创建付费内容则需要发布10条原创视频、有800个"粉丝"，进入门槛不高，对内容的要求同样如此，简单的做饭视频也可以成为一场付费直播的主题。

目前看，付费直播表现出一定的"钱景"，但其体量尚不足以与直播打赏和直播带货比肩。究其原因，有两个门槛制约了其发展。一是相比直播和拍短视频，连麦更考验主播随机应变的能力，这或许是很多主播不愿意尝试的原因。二是以上平台娱乐色彩浓重，缺乏知识付费的土壤，还有很长的路要走。

即学即练 判断："粉丝"数量和质量对打赏收益不会产生直接影响。

课程思语 知识产权是指人类智力劳动产生的智力劳动成果的所有权，是智力劳动创造的成果结晶。我们要建立起对知识产权的保护和知识付费的意识，尊重智力创造者的劳动成果。

第五节　IP价值衍生变现

近年来，各个短视频平台都有许多个体 IP 异军突起，他们通过打造个体 IP，把自己延展成一个团队，逐渐生长成一个生态和一簇产业，实现了个体和团队的价值增值。而对大一点的短视频团队来讲，IP 开发是未来寻求变现的必经之路。

一、短视频IP的类型

IP 即"知识产权"，是英文 intellectual property 的缩写。知识产权可以有许多形式，包括音乐作品、文学作品、美术作品、画稿、科学发现、发明创造、设计作品、专利、商标、名称（字号）、标识、图例、工业设计、产品外观设计、名人权利等。互联网领域的"IP"可以理解为所有成名文创（文学、影视、动漫、游戏等）作品的统称。一般而言，短视频 IP 包括如图 6-6 所示的几种类型。

以人设为代表的个人形象 IP

以内容表现为代表的优质栏目 IP

以创意形式为代表的创意 IP

图 6-6　短视频 IP 的类型

短视频 IP 一方面继承了内容 IP 的基本属性，具有优质内容、受众基础和跨平台开发能力；另一方面延伸了互联网原生业务的特性，具有较强的用户性、互动性和营销开发价值。

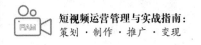
 **知识拓展**

短视频IP的七要素

1. 形象——IP 的可辨识性

颜色、头像、卡通形象、特殊造型等所有可以让用户在海量的移动信息流中第一眼就认出来的要素，都可以融入 IP 形象的包装中去。

2. 人设——IP 的可连接性

主要是指短视频内容中的主要人物的性格设定，也可以指短视频账号本身的性格设定，鲜明的人设能够对用户形成吸引力，并形成"粉丝"的转化和留存。

3. 风格——IP 的可复制性

画面的风格、语言的风格、内容的风格、叙事的风格等别具一格，不但能提高可辨识度，还能够形成 IP 自有的套路，从而提高内容创作的效率。

4. 故事——IP 的可信赖性

故事能够拉近 IP 与"粉丝"之间的距离，在娓娓道来的过程中消除了隔阂、戒备与怀疑，建立了"粉丝"对 IP 的信赖和忠诚。

5. 价值——IP 的可共鸣性

故事是价值的载体和呈现形式，价值则是故事的升华，它既包含感性层面的情绪、情感，又包含理性层面的"三观"，价值的共鸣最终形成了短视频 IP 的"人以群分"现象。

6. 体系——IP 的可持续性

内容的创意模式、生产流程、更新频率、运营策略、开发思路和变现方法等一系列的能力构成了短视频 IP 赖以持续发展的体系或系统。

7. 生态——IP 的可延展性

也就是可以在短视频 IP 的基础上，拓展或衍生丰富的内容形态、新媒体矩阵、子 IP 项目或各种各样的商业模式出来，从而将价值最大化。

二、短视频IP的价值

对于短视频来说，它的 IP 价值主要体现在如图 6-7 所示的几个方面。

图 6-7　短视频 IP 的价值

1.是创作者综合能力的体现

IP 不仅考验一个人的拍摄和剪辑能力，更考验其策划能力、创意能力、营销能力和运营能力。因此，短视频作品只是短视频 IP 的产品之一和形式之一，但短视频 IP 却对创作者提出了更高的要求。

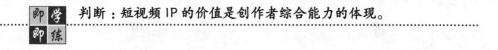

判断：短视频 IP 的价值是创作者综合能力的体现。

2.具有更强的变现能力

只要短视频 IP 的内容足够垂直，在用户观看时就已经完成了目标用户的筛选，对于用户对其关联商品的需求就一目了然，从而增强了短视频 IP 的变现能力。

3.可以衍生更多元化的内容生态

短视频 IP 产生的不仅有规模经济，更有范围经济，具体如图 6-8 所示。

图 6-8　短视频 IP 衍生的内容生态

三、短视频IP价值衍生变现方式

目前，利用 IP 价值衍生变现的方式主要有以下两种。

1. 版权变现

IP 的版权主要包含剧集版权（即电影、电视剧、网剧版权）、动漫版权、话剧版权、有声书版权等方面。

对于短视频创作者来说，版权变现的途径主要有如图 6-9 所示的两种。

自我使用 IP 版权	IP 授权或转让版权
根据自己的版权内容著作出书，或者借助 IP 的影响力打造影视化节目，从而实现 IP 版权变现	短视频创作者可以将自己打造的 IP 形象或版权内容授予他人使用，从中收取版权费

图 6-9　版权变现的途径

2. 开发 IP 周边产品

IP 衍生品，也称为周边产品。顾名思义，IP 衍生品是围绕某一个特定 IP，将其中的鲜明特征衍生出来，所产出具有商业价值的产品。IP 衍生品开发的过程实际上就是对 IP 的潜在资源进行挖掘。

比如，网络红人朱 ×× 在 2022 年五一前夕推出数字藏品"朱 ××－铁马""朱 ××－醒狮"，此次推出藏品共 2698 件，售价分别为 19.9 元和 59 元。朱 ×× 以国风变装在短视频平台走红，他用天衣无缝的数字技术，将热血与浪漫注入传统文化中，绮丽的国风造型与民族故事，让他的抖音账号仅发布了10条视频便揽获700多万"粉丝"，登上央视平台，被各大媒体争相报道。

小提示

IP形象是前提基础，打好前期的基础才能提升更多的IP衍生品的变现能力。

课程思语

尊重原创和鼓励创新对于健康的IP生态构建同样至关重要。充分发挥创作者的主观创新能力，让越来越多题材、风格、形式的作品被创作、生产、传播、消费，整个IP市场才能够优中选优，不断提升IP价值。

第六节　平台渠道收益

短视频平台的参与者由四大部分构成，即广告主、创作者、平台和用户。平台本身是不产生内容的，内容全部是由创作者创作的，平台不过是内容的载体。创作者并非"无偿创作"，短视频平台会根据流量、阅读量给创作者分发创作收益。

一、渠道分成

短视频平台之间的竞争，实际上是背后强大资本的较量，谁拥有强大的资本，谁就有可能在市场上共享一杯饮料。自互联网巨头纷纷"进入游戏"以来，各种平台补贴政策层出不穷。这对短视频团队来说绝对是大大的福利。因为各大渠道平台的扶持计划实则为短视频团队提供了更多变现的可能，即通过渠道分成来变现。而且，对短视频原创团队来说，在初期获得渠道分成是最直接的收入和变现来源。

目前，短视频的内容很多，内容质量也参差不齐，从长远看，大多数的平

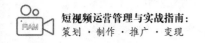

台还是会重点扶持那些有真正优质内容的商家和"达人"。而有些所谓的原创内容也会慢慢地被用户和平台抛弃。

对于短视频创作者来说,在初期团队人力有限的情况下,可以按以下方法来选择渠道。

1.通过对比选择首发平台

就像买货要货比三家一样,选择哪个首发平台也可以通过对比的方式来进行。

比如,第一视频采取的是系统推荐机制,推荐机制的算法在一定程度上可以测试视频内容的受欢迎度。而且个性化算法会根据用户的喜好来推荐短视频。这样做的好处是能够帮助我们迅速找到目标用户。而相比之下,优酷、爱奇艺等视频渠道大多采用人工推荐机制,好的推荐位往往被各大影视剧、综艺节目占据,因此在这些平台上获得分成有一定的难度。

2.有分成的平台必发布

对创业初期的短视频团队来说,渠道分成是其最直接的收入来源,因此,只要是市面上有分成的平台都要进行发布,只有这样才能获得更多的分成收益。而对于那些没有分成的渠道,也要进行发布。不过,在这些没有分成的平台不必投入过多的运营力量;相反,如果在那些有分成的渠道投放短视频,就需要对标题、封面图片、标签、介绍等内容进行精心设计。

3.选择重点运营渠道

有侧重地选择运营渠道是十分重要的。至于选择哪个渠道,还要看自身的需求以及和平台的匹配度。

比如,美拍的用户评论会相对客观,如果我们非常关注用户的反馈,就可以选择美拍来进行发布。

小提示

　　创作者要想从短视频平台获得分成,必须了解哪些平台为创作者提供了分成计划,以及各个短视频平台的分成规则。

二、签约独播

签约独播是指由短视频平台向内容创作者支付一笔费用，与其签订法律合同，该内容创作者的所有短视频都必须在该短视频平台上独家播放。短视频内容创作者选择签约独播模式的优势在于能够直接获得一大笔收益，并在一段时间内有稳定的内容输出渠道；缺点则是不能获得其他短视频平台的支持，且单一的流量渠道可能限制短视频的传播范围，无法获得更多的经济收益。

签约独播是短视频变现方式中要求较高的，平台通常只与一些头部"网红"、知名人士等进行签约，一般的创作者需要有一定的短视频创作积累或专业领域影响力。

创作者在选择合作平台时，要注意如图 6-10 所示的几点。

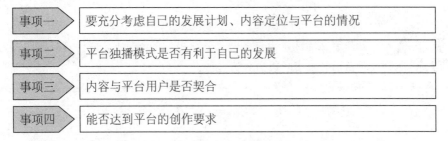

事项一	要充分考虑自己的发展计划、内容定位与平台的情况
事项二	平台独播模式是否有利于自己的发展
事项三	内容与平台用户是否契合
事项四	能否达到平台的创作要求

图 6-10 创作者在选择合作平台时的注意事项

如果自己是直播与短视频新人，还要注意平台的发展空间，了解平台在政策、资源匹配上，对新人的支持力度。一些平台除了与知名创作者进行独播签约外，还会对有发展潜力的新人进行支持和培养。这也是平台的策略，通过平台培养出来的主播与创作者对平台有较深的感情，不会轻易跳槽带走用户。

即学即练 问题：短视频内容创作者选择签约独播模式有何优势和劣势？

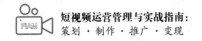

三、参与平台有奖创作活动

各大短视频平台为了激励创作者的创作热情，鼓励创作者生产更多的优质作品，会不定期地发布各类有奖创作活动。创作者参与活动后，按照规则创作短视频。如果短视频作品能够脱颖而出，获得活动举办方的认可，创作者就能从活动中获得相应的奖励。

比如，为了推动平台"创作者生态"进一步繁荣，快手持续推出各领域创作者的激励计划，以流量扶持和现金奖励助力创作者不断生产优质内容。2022年12月的快手生态开放大会上，快手正式推出"聚力计划"，为经营伙伴提供充分支持。其中在"达人"层面，快手计划在一年内通过佣金翻倍等计划，扶持百万优质"达人"，"鼓励"达人接单。

课程思语　　创作者在完成平台任务时，要熟知各平台规则，任何违规违约行为都会给自己账号带来负面影响。

参考文献

[1] 王小亦. 短视频文案 [M]. 北京：化学工业出版社，2022.

[2] 龙飞. 剪映短视频剪辑从入门到精通 [M]. 北京：化学工业出版社，2021.

[3] 网红校长. 短视频流量密码 [M]. 北京：中国友谊出版公司，2022.

[4] 吕白. 人人都能做出爆款短视频 [M]. 北京：机械工业出版社，2020.

[5] 诺思星商学院，李新星，皇甫永超，等. 短视频引流与盈利 [M]. 北京：化学工业出版社，2021.

[6] 罗建明. 零基础玩转短视频 [M]. 北京：化学工业出版社，2021.

[7] 卷毛佟. 拍好短视频 一部 iPhone 就够了 [M]. 北京：人民邮电出版社，2022.

[8] 徐浪. 抖音短视频吸粉、引流、变现全攻略 [M]. 北京：民主与建设出版社，2021.

[9] 刘川. Vlog 短视频创作从新手到高手 [M]. 北京：清华大学出版社，2022.

[10] 创锐设计. 短视频爆品制作从入门到精通 [M]. 北京：中国广播影视出版社，2021.

[11] 蔡勤，刘福珍，李明. 短视频：策划、制作与运营 [M]. 北京：人民邮电出版社，2021.

[12] 六六. 短视频其实很简单 [M]. 北京：人民邮电出版社，2022.

[13] 邹鹏程（千道）. 短视频直播电商实战 [M]. 北京：人民邮电出版社，2021.

[14] 郑志强. 手机短视频拍摄与剪辑零基础入门教程 [M]. 北京：人民邮电出版社，2022.

[15] 雷波. 手机短视频拍摄、剪辑与运营变现从入门到精通 [M]. 北京：化学工业出版社，2021.

[16] 周英曲. 短视频 + 直播 [M]. 北京：电子工业出版社，2021.

[17] 吕白. 爆款抖音短视频 [M]. 北京：机械工业出版社，2021.

[18] 颜描锦. 短视频入门 [M]. 北京：化学工业出版社，2021.

[19] 泽少. 短视频自媒体运营从入门到精通 [M]. 北京：清华大学出版社，2021.

[20] 侯凤菊. 短视频制作与营销全攻略 [M]. 北京：九州出版社，2022.

[21] 高军. 短视频策划运营从入门到精通（108 招）[M]. 北京：清华大学出版社，2021.

[22] 王冠，王翎子，罗蓓蓓. 网络视频拍摄与制作 [M]. 北京：人民邮电出版社，2020.

[23] 刘庆振，安琪. 短视频制作全能一本通 [M]. 北京：人民邮电出版社，2010.

[24] 李朝辉，程兆兆，郝倩. 短视频营销与运营（视频指导版）[M]. 北京：人民邮电出版社，2021.

[25] 刘映春，曹振华. 短视频制作（全彩慕课版）[M]. 北京：人民邮电出版社，2022.

[26] 王进王，慧勤. 短视频运营实务（慕课版）[M]. 北京：人民邮电出版社，2022.